Manfred Julius Müller

Anti-Globalisierung. Zurück zur Vernunft!

Das Ende eines Irrweges

Herstellung: Books on Demand GmbH, Norderstedt
ISBN 3-8311-3588-6

Inhalt:

Einleitung

Eine Anti-Globalisierung – kann es so etwa geben? Gewiefte Demagogen versuchen mit einem nicht existentem Schreckensbild die Menschen zu verunsichern: Demnach gibt es, wenn überhaupt, nur die Wahl zwischen der uneingeschränkten Globalisierung oder der totalen Abschottung.

Doch dieses groteske Szenario ist falsch und unseriös. Natürlich gibt es zwischen den beiden Extremen einen breiten Handlungsspielraum! Das weltweite Lohn-, Öko- und Sozialdumping muss nicht sein – es kann unterbunden werden. Jeder Staat kann sich dem Ausbeutungsprinzip widersetzen, ohne sich gleich aus der Weltgemeinschaft verabschieden zu müssen. Dies gilt selbst für Entwicklungsländer – auch sie könnten ohne die künstlich forcierte Globalisierung erfolgreicher agieren.

Dieses Buch will die entstellten Tatsachen hochbezahlter Schönredner der mächtigen Globalisierungskaste entlarven und den plumpen Doktrinen des ruinösen grenzenlosen Wettbewerbs überzeugendere Alternativen gegenüberstellen. Es will versuchen, Wege in eine gerechtere Welt zu weisen, von denen Entwicklungsländer und die westliche Welt gleichermaßen profitieren. Auch die Bevölkerungen der „reichen“ Industrienationen haben nach meinem Verständnis ein Recht darauf, aus den Segnungen der Wissenschaft und des produktiven Fortschritts Vorteile zu ziehen. Mit der schwer durchschaubaren Globalisierungs-Theorie hat man sie jahrzehntelang um diese Rechte betrogen.

Mir geht es also weniger darum, Zustände zu beklagen und Feindbilder aufzubauen. Derlei Streitschriften gibt es zur Genüge. Mein Anliegen ist es, mit konstruktiven Vorschlägen neue Debatten anzustoßen. Es soll hierbei aber niemand belehrt oder gar der Anspruch auf Unfehlbarkeit erhoben werden. Es macht wenig Sinn, alte Dogmen durch neue zu ersetzen – Ziel ist ein vorurteilsfreies Nach- oder Umdenken, eine Aufarbeitung neuer Ideen und ein offener Umgang mit ungewohnten Analysen.

Manfred Julius Müller

Kapitel I

Der Kluge verspricht und der Dumme freut sich!

Wohlstand durch Globalisierung?

„Wohlstand für alle …“

Entpuppt sich die Globalisierung als Segen oder als Fluch für die Menschheit? Bei dieser Frage dreht es sich nicht um das natürliche Voranschreiten der internationalen Annäherung und Zusammenarbeit, welches sich aus den vielen technischen Errungenschaften nahezu zwangsläufig ergibt. Es geht um die Abwägung, was die künstlich forcierte Globalisierung, also der massive Abbau von Zöllen und Handelsschranken, gebracht hat und ob sich dieses große Experiment zumindest aus wirtschaftlicher Sicht rechnet.

Beeinflussung durch unseriöse Analysen!

Die Komplexität der weltwirtschaftlichen Zusammenhänge spielt den Scharlatanen und käuflichen Experten in die Hände – sie können nahezu ungehindert und ungestraft unseriöse Behauptungen aufstellen und an wohlfeilen Wohlstandslegenden basteln.

Dass in einigen Staaten Asiens und Lateinamerikas sich die Lebensbedingungen verbessert haben, will niemand bezweifeln. Aber lässt sich dieser Erfolg tatsächlich auf die Globalisierung zurückführen? Schließlich gibt es eine Reihe anderer Faktoren, die etwas bewirkt haben könnten. Ich erinnere in diesem Zusammenhang an veränderte politische Umfelder, an fortschreitende Demokratisierungen, an Finanz- und Wirtschaftsreformen, den Abbau der Korruption und der Vetternwirtschaft, die Abschwächung des Bevölkerungswachstums, an technische Errungenschaften usw. Schon immer haben solche Veränderungen Früchte getragen – jetzt gibt es die Globalisierer und nun ist plötzlich jeder Erfolg auf deren Mist gewachsen.

Der wirtschaftlichen Erschließung einiger Schwellenländer stehen Rückschläge und Stagnation bei den alten Industrienationen und den meisten Entwicklungsländern gegenüber. Auch solche Tatsachen dürfen nicht einfach unter den Tisch gekehrt werden.

Wie wäre es ohne Globalisierung gelaufen?

Es stellt sich die Frage, wie sich unsere Welt verändert

hätte ohne den rigiden Abbau von Zoll- und Handelsschranken, also ohne die künstlich betriebene Globalisierung. Dabei ist zu berücksichtigen, dass gerade in jener Zeit (also seit 1980) außergewöhnliche produktionstechnische Revolutionen stattfanden (Computer- und Mikrochiptechnologie), die das Wirtschaftswachstum hätten beflügeln müssen. Ohne den Globalisierungsfaktor läge der Lebensstandard in den modernen Industrieländern heute vermutlich etwa 50 % über dem jetzigen Niveau (ich komme später darauf zurück).

Dieses gewaltige Volumen an zusätzlicher Kaufkraft in den Händen potentieller Konsumenten hätte sicher auch die Konjunktur der Entwicklungs- und Schwellenländern stimuliert. Und ohne die Zwänge der Globalisierung ergäben sich für die reichen Nationen zusätzliche Spielräume, unsere Welt gerechter zu machen. Wären die Regierungen von den Großkonzernen weniger abhängig und erpressbar, hätten sie bessere finanzielle Mittel, der Dritten Welt unter die Arme zu greifen.

Mit Statistiken verwirren

Nicht selten wird versucht, die freudlose Wahrheit mit wissenschaftlich anmutenden Statistiken zu untermauern. Ich möchte an dieser Stelle ausdrücklich davor warnen, diesen Zahlenspielen eine zu große Bedeutung zukommen zu lassen.

An einem konkreten Beispiel will ich meine Skepsis näher erläutern. Da tauchen z. B. oftmals Vergleiche auf, die manchen Schwellenländer ein imposantes Wachstum des BIP (Bruttoinlandsprodukt) bescheinigen (6 % und mehr pro Jahr). Doch diese Zahlen berücksichtigen oft nicht die Inflationsrate, das starke Bevölkerungswachstum, den Staatsanteil (Konjunkturprogramme?), die Aufblähung des Produktionsapparates, des Werbeaufwandes usw. Kurz: Trotz imposanter Wachstumsraten des BIP kann es durchaus sein, dass sich die Kaufkraft für den Durchschnittsbürger verschlechtert. Auch das deutsche BIP hat sich trotz niedriger Steigerungsraten in 20 Jahren etwa verdoppelt, obwohl die Reallöhne sich eher nach unten als nach oben bewegten.

Also ohne exakte Analysen sind Statistiken oft wertlos und dienen nur der Augenwischerei. Ich möchte mich an derlei Lustigkeiten nicht beteiligen und verzichte daher weitgehend auf diese eher zweifelhafte Art von Beweisführung.

Die Reichen wurden reicher!

Wer dennoch Zahlen liebt, muss sich auch diese Statistik gefallen lassen: Seit 1960 hat sich die Verteilung des Welteinkommens eindeutig zu Gunsten der Reichen verschoben. Erzielte das reichste Fünftel der Menschheit 1960 noch 70 % des Welteinkommens, so waren es 1998 bereits 86 %. Entsprechend sank das Einkommen des ärmsten Fünftels der Menschheit: von 2,3 % 1960 auf 1,3 % 1998. Aber auch bei dieser amtlichen Aufrechnung bleiben viele Fragen offen. Wie seriös kann eine Erhebung sein, wenn die weltweiten Bedingungen und vor allem die Lebenshaltungskosten derart unterschiedlich sind? Und wie hat sich der reale Lebensstandard der einzelnen Bevölkerungsschichten verändert?

Die obige Statistik liefert aber trotz aller Bedenken einen Anhaltspunkt dafür, dass die Aufholjagd der Schwellenländer bezüglich des Wohlstandes so beeindruckend nicht sein kann (für 60 % der Menschheit im „mittlerem" Wohlstandsbereich, die weder dem ärmsten noch dem reichsten Fünftel zuzuordnen sind, fiel der Anteil am Welteinkommen im genannten Zeitraum von 27,7 % auf 12,7 Prozent).

Verteilung des Welteinkommens

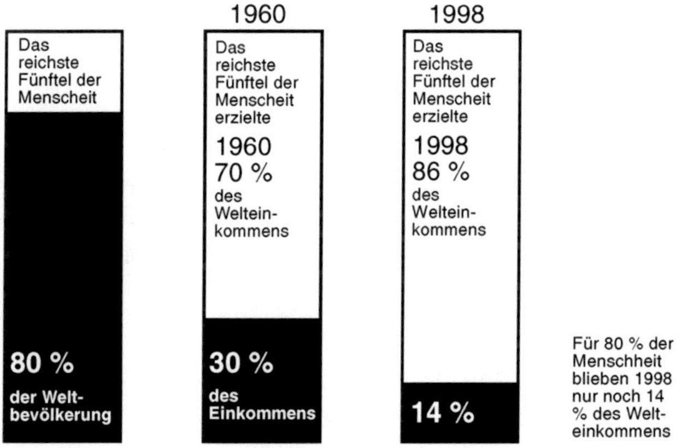

„Durch die Globalisierung hat sich der Wohlstand verzehnfacht ..."

Es gibt über 500 deutschsprachige Bücher, die sich mit der Globalisierung auseinandersetzen – nur etwa ein Fünftel davon können dieser Bewegung etwas Positives abgewinnen. Die große Mehrheit der unabhängigen Buchautoren sind eindeutige Gegner der Globalisierung. Trotzdem legimitieren Politiker und Journalisten ihr Handeln immer wieder mit den „klaren wissenschaftlichen Aussagen der Experten", also den wenigen Befürwortern der Globalisierung.

Wie gelingt es nun dieser Minderheit, den wissenschaftlichen Beweis für den Nutzen und die Notwendigkeit der Globalisierung anzutreten? – Es gelingt natürlich mit den altbekannten Tricks: Einfach Behauptungen aufstellen, unzulässige Vergleiche und Ableitungen auftischen und mit vielen banalen Einzelheiten und pseudowissenschaftlichen Analysen die Leute verwirren.

Begann die Globalisierung im Jahre 1900?

Ein konkretes Beispiel: Da wird der mitteleuropäische Lebensstandard des Jahres 1900 mit dem des Jahres 2000 verglichen – und, o Wunder, eine Verzehnfachung festgestellt. Also haben die Politiker im Wesentlichen richtig gehandelt und der Globalisierungsvorteil ist eindeutig.

Solche Beweisführungen stellen die tatsächlichen Verhältnisse auf den Kopf. Denn erst mit Beginn des weltweiten massiven Zollabbaus und der Liberalisierungswelle, also etwa seit 1980, kann von einer echten Globalisierung gesprochen werden – dummerweise stagniert seit dieser Zeit der Lebensstandard in Mitteleuropa. Der beachtliche Aufschwung vollzog sich trotz zweier Weltkriege in der Zeit von 1900 bis Ende der 1970er Jahre, also als nationale Zollgrenzen und eigene Währungen noch nicht in Ungnade gefallen waren. Es ist mehr als dreist, ausgerechnet diese wirtschaftlich erfolgreiche Ära des kontrollierten Welthandels im Nachhinein der Globalisierung zuordnen zu wollen.

Der Definitionstrick

Überhaupt wird mit dem Begriff Globalisierung immer

wieder Schindluder getrieben. Die nebulöse neumodische Wortschöpfung wird allgemein gleichgesetzt mit dem „freien Welthandel“ und den sich daraus ergebenden Verflechtungen.

Der freie Welthandel ist aber keine neue Erfindung, ihn hat es seit Urzeiten gegeben. Unter dem Tarnbegriff Globalisierung wird offenbar versucht, der Menschheit den zollfreien Welthandel unterzujubeln und so zu tun, als sei alles ganz harmlos und als gäbe es dazu keinerlei Alternative. Von der Wandlung vom freien zum zollfreien Welthandel aber hängt alles ab, sie bildet den Kern der Auseinandersetzung — denn sie beinhaltet den Unterschied zwischen einem kontrollierten und einem chaotischen Welthandel, zwischen Marktwirtschaft und Anarchie.

Verzehnfachung des Lebensstandards?

Im Übrigen halte ich die vermeintliche Verzehnfachung des Lebensstandards für eine Übertreibung. Auch im Jahr 1900 haben die Mitteleuropäer schon in Steinhäusern gelebt, sich ernährt und gekleidet, es gab bereits Krankenhäuser, Schulen, Bücher, Zeitungen usw. Wer meint, dies alles mit einem Zehntel des heutigen Durchschnittslohnes bezahlen zu können, hat womöglich den Bezug zur Realität längst verloren.

> Es ist mehr als dreist, ausgerechnet diese wirtschaftlich erfolgreiche Ära des kontrollierten Welthandels im Nachhinein der Globalisierung zuordnen zu wollen.

„Es gibt doch gar kein Öko- oder Sozialdumping ...“

Es gibt immer und überall besonders Schlaue, die tatsächlich meinen, dank ihrer Intelligenz könnten sie die Welt auf den Kopf stellen oder den Leuten ein X für ein U vormachen. Durch komplizierte Schlussfolgerungen kommen solche Verdrehungskünstler zu den abenteuerlichsten „Beweisen“ bzw. Behauptungen.

So wird zum Beispiel bestritten, dass die Globalisierung verantwortlich sei für das Öko- und Sozialdumping. Nach deren These führen hohe Umweltauflagen und soziale Absicherungen eines Staates mit der Zeit lediglich zu sinkenden Reallöhnen, die Produktionskosten insgesamt aber verändern sich nicht. Jeder Staat könne somit selbst entscheiden, ob ihm höhere Reallöhne oder bessere Öko- und Sozialstandards wichtiger seien.

Wie sollen die Billiglöhner das bezahlen?

Bei allem Respekt, wie bitte will man Arbeitern in Fernost, die nur 600,- Euro im Jahr verdienen, den Lohn noch kürzen, wie will man ihnen von ihrem Mini-Einkommen 1000,- Euro für bessere Öko- und Sozialstandards abknöpfen?

Und auch in unseren Regionen lässt sich nicht nach Belieben der Lohn zurückfahren, um höhere Umweltauflagen bezahlen zu können. Der Staat und die Bevölkerung haben finanzielle Verpflichtungen — bei stark sinkenden Einnahmen käme das ganze System in Turbulenzen.

Auch das abgenutzte Argument mit der ausgleichenden Währung zieht nicht mehr („wenn die Produktionskosten im Lande steigen, fällt der Währungskurs und damit reguliert sich die Wettbewerbsfähigkeit“). Denn der Devisenmarkt ist im Zuge der Globalisierung spekulativer und unberechenbarer geworden — außerdem verfügen die Staaten im Euro-Raum ja nicht einmal mehr über eine eigene Währung. Diese Tatsachen müssten den Experten doch längst bekannt sein.

Täuschen die Erfahrungen?

Auch die Praxis gibt hinreichend Aufschluss über die wahren Auswirkungen der Globalisierung. So sind in den beiden letzten Jahrzehnten des zwanzigsten Jahrhunderts die Sozialleistungen in vielen westlichen Industriestaaten heruntergefahren worden, ohne dass die Reallöhne steigen konnten (nicht einmal der Produktivitätsanstieg konnte weitergegeben werden). Wo ist der automatische markttechnische Ausgleich (weniger Staat = höhere Reallöhne)?

Spielen moralische Aspekte keine Rolle mehr?

Und natürlich ignoriert die Anti-Dumping-These auch alle moralischen Aspekte, wenn sie meint, es solle doch jedem Staat selbst überlassen bleiben, ob bzw. wie er sich für die Umwelt und Soziales engagiere.

Was für arrogante Auffassungen, nur um eine alberne Theorie zu stützen! Natürlich beeinflusst der Umgang mit der Ökologie die Lebensqualität der jetzigen Erdbevölkerung und noch vieler nachfolgender Generationen. Und natürlich kann es auch niemandem egal sein, ob in fernen Ländern aus Kostengründen auf eine allgemeine Kranken- und Rentenversorgung verzichtet werden muss.

Wenn es denn wirklich die vielbeschworene Wahlmöglichkeit in der Dritten Welt gibt, warum gibt es dort nicht ein einziges Vorzeigeland mit einem hohen Öko- und Sozialniveau? Doch weil die potentiellen Investoren bei derlei anmaßenden Forderungen sofort Reißaus nehmen würden. Selbst in den Industriestaaten vergeht kein Tag, an dem Konzernchefs nicht soziale Reformen einfordern. Das Wort „Reformen“ verwenden die Wirtschaftsbosse aber nie im ursprünglichen Sinne, sondern immer nur als Tarnbegriff für Kürzungen und Einsparungen.

Haben die Billiglohnländer tatsächlich die freie Wahl? Können sie sich bessere Öko- und Sozialstandards durch Lohnverzicht erkaufen?

„Die Globalisierung hat keinen Einfluss auf Konzernsteuern ...“

Man kann nun wirklich nicht auf jedes alberne Argument der Globalisierungslobby eingehen. Was einige Thesen bezüglich der Unternehmenssteuern betrifft, so wollte ich eine Klarstellung meinen Lesern eigentlich ersparen. Weil aber selbst mit den abstrusesten „Beweisen“ die Politik beeinflusst wird, habe ich diesen Artikel doch noch eingefügt.

„Die Autonomie des Staates bleibt gewahrt ...“

Also: Behauptet wird, dass auch bei der Globalisierung die Autonomie des Staates bei der Besteuerung der Unternehmensgewinne gewahrt bleibt, ja dass sogar die Höhe des Steuersatzes durch die ausgleichenden Kräfte des Marktes längerfristig keine Rolle spielen. Die „Logik“: 60 % der Gewinne werden vom Unternehmen üblicherweise wieder reinvestiert. Bei Senkung der Steuern steigen die Gewinne, es wird mehr investiert, wodurch die Arbeitslosenzahlen zurückgehen. Der nachlassende Druck auf dem Arbeitsmarkt führt wiederum zu höheren Löhnen und allmählich sinkenden Gewinnmargen. Am Ende des Angleichungsprozesses entspricht der Unternehmensgewinn nach Steuern dem alten Niveau.

Beim konträren Szenario, also bei anziehenden Unternehmenssteuern, vollzieht sich alles entgegengesetzt, endet aber auch wieder am ursprünglichen Ausgangspunkt (höhere Steuern = niedrigere Investitionen = mehr Arbeitslose = sinkende Löhne = wieder ansteigende Gewinne).

Realitätsfremd

Schade nur, dass die Wirklichkeit sich an solche Theorien nicht gebunden fühlt. Gerade im Jahr 2000 hat wieder die Bundesregierung einige für Konzerne relevante Steuererleichterungen durchgesetzt. Die Einnahmen aus der Körperschaftssteuer brachen daraufhin innerhalb eines Jahres um über 100 % ein (im Jahr 2000 wurden noch 23,5 Milliarden Euro eingenommen, ein Jahr später mussten bereits 500 Millionen Euro zurückerstattet werden). Die positiven Effekte auf dem Arbeitsmarkt blieben aus, weil schließlich auch andere Staaten den Konzernen immer weiter entgegenkommen. Dagegen mehren sich die staatlichen Probleme wegen fehlender Steuereinnahmen. Besonders hart trifft es die Kommunen und Länder, die aus Geldmangel Personal entlassen und ihre Investitionen kürzen müssen.

Die nächste internationale Steuersenkungsrunde wird die Konzerne vielleicht schon in die Nähe einer totalen Steuerbefreiung bringen. Staaten, die sich diesem Druck widersetzen, werden den Zorn der Konzerne zu spüren bekommen und Betriebsauslagerungen in Kauf nehmen müssen.

Spätestens wenn die Konzerne nur noch mittels einer Negativsteuer (also einer Umsatz- oder Beschäftigtenprämie) im Lande gehalten werden können (die zusätzlich zu den bereits üblichen Subventionen fließt), wird man die Falschheit der Globalisierungsthesen erkennen. Die USA scheinen von dieser Negativsteuer nicht mehr allzuweit entfernt, sie zahlen ihrer Industrie bereits saftige Exportvergütungen (über den Umweg von Steuererlassen für ausländische Konzerntöchter).

Der Standortwettbewerb ist allgegenwärtig!

Natürlich gibt es eine internationale Standortkonkurrenz, und selbstverständlich ist die Höhe der Unternehmenssteuern für Investoren ein entscheidender Faktor. Davon können auch die kompliziertesten Gedankenkonstruktionen nicht ablenken.

Wenn man mit der Theorie nicht klarkommt, auch hier zeigt die Praxis seit langem, wie der Hase läuft. Und die langfristige Entwicklung der Dividenden und Aktienkurse belegt es auch (von ausgleichender Statik kann nun wirklich nicht die Rede sein).

Entwicklung der Körperschaftsteuer in Deutschland
(Ertragssteuer der Kapitalgesellschaften).

Wirtschaftsboom durch Senkung der Unternehmenssteuern?

„Wohlstand durch Export“

Unser Wohlstand ist im starkem Maße abhängig vom Export, heißt es immer wieder. Ich bezweifle diesen Zusammenhang. Es gibt genug Staaten, denen es auch ohne großes Außenhandelsvolumen blendend geht. Ich bin eher der Meinung, dass Deutschland sich in eine Abhängigkeit vom Export hineinmanövrieren ließ, von der es sich allmählich lösen sollte. Während viele Großkonzerne schon längst die Vor-Ort-Produktion predigen (als Rechtfertigung für ihre Auslagerungen), sucht man hier zu Lande immer noch sein Heil im oft überflüssigen und umweltschädlichen Warentourismus.

Da unser Staat immer als Nutznießer eines expandierenden Welthandels galt, waren unsere Politiker zu vielen Konzessionen bereit: Importbeschränkungen und Zölle wurden abgebaut und beim Füllen der EU-Kassen wurde auch nie geknausert. Mit dem Abbau der Zölle verloren wir unseren Schutz gegen das hemmungslose Währungs-, Ökologie- und Sozialdumping. Um unseren geheiligten Export weiter zu fördern, haben wir quasi unsere Seele, die Kontrolle über unsere Wirtschaft und unseren Binnenmarkt, verkauft. Ein viel zu hoher Preis, wie sich immer deutlicher abzeichnet.

„Internationale Arbeitsteilung“

Man sollte sich endlich lösen von einlullenden Phrasen. Die vielgepriesene „internationale Arbeitsteilung“ zum Beispiel ist in unserer heutigen Zeit so überflüssig wie ein Kropf, und auch die spezifische Leistungsfähigkeit einzelner Regionen hat sich längst überholt. Ob Porzellan, Textilien, Computer oder Autos – nahezu alles lässt sich inzwischen in gleicher Qualität fast überall auf der Welt herstellen. Ein Nutzen eines Welthandels wie vor Jahrhunderten hat sich in unserem Technologiezeitalter erübrigt. Heute genügt für unser Land streng genommen ein Exportvolumen, um aus den Verkaufserlösen die uns fehlenden Rohstoffe und exotischen Lebensmittel (Kaffee, Bananen, Zitronen usw.) bezahlen zu können. Dies heißt nun nicht, unsere Exporte sollen um 90 % sinken. Es geht darum, den Export nicht überzubewerten und dessen Nutzen realistischer einzuschätzen.

Höhere Krisenanfälligkeit!

Wer viel exportiert, muss auch viel importieren. Und umgekehrt gilt dieser Satz natürlich auch. Volkswirtschaftlich macht es zunächst keinen großen Unterschied, ob nun für den Binnenmarkt oder für das Ausland produziert wird. Auf lange Sicht erweist sich eine starke Exportabhängigkeit aber als nachteilig, weil ausländische Krisen sofort auf die Wirtschaft durchschlagen, weil der Verzicht auf Zollgrenzen unsere Marktwirtschaft in Frage stellt und weil der gewaltige Warentransfer von einem Erdteil zum anderen ökologisch unsinnig ist.

Größere Produktionseinheiten

Bei dem beliebten Verwirrspiel vom Für und Wider ziehen die Exportfantasten schließlich ihren vermeintlich stärksten Trumpf aus der Tasche mit dem Argument: „Die internationalen Konzerne können durch den Weltmarkt größere und damit kostengünstigere Stückzahlen realisieren". Ja, das stimmt, da ist tatsächlich etwas dran. Doch von der Bedeutung her kann dieses positive Faktum die erwähnten Nachteile bei weitem nicht aufwiegen. Die Einsparungen der größeren Serie sind bescheiden – und die Dominanz der Giganten birgt zusätzliche Gefahren. Ich erwähne hier nur die Tendenz zur preistreibenden Monopolisierung und die Ausschaltung äußerst innovativer Mitbewerber.

> Während viele Großkonzerne schon längst die Vor-Ort-Produktion predigen (als Rechtfertigung für ihre Auslagerungen), sucht man hier zu Lande immer noch sein Heil im oft überflüssigen und umweltschädlichen Warentourismus.

„Ohne die EU könnte Deutschland nicht existieren ...“

Als entscheidender Faktor auf dem Weg zur Globalisierung entpuppte sich die Schaffung der EU, weshalb sie in unseren Betrachtungen nicht ausgespart werden darf. Die EU hat maßgeblich zur Zerstörung wichtiger Zollgrenzen und damit zur Vernichtung eines einstmals intakten Binnenmarktes beigetragen. Doch kommen wir zunächst zur Grundsatzfrage:

Sind große Staaten erfolgreicher?

Den EU-Bürgern wurde eingeredet, nur mächtige Staatengebilde und große Märkte könnten den harten Verdrängungswettbewerb der Globalisierung überstehen. Doch statt fundierte Beweise und Erklärungen für diese kühne These vorzulegen, wurden Skeptiker wie gewohnt mit beschwörenden Worten und sturen Behauptungen abgespeist.

Die Beispiele aus der Praxis jedenfalls sind wenig überzeugend. Wo ist der große Wohlstand und die Überlegenheit großer Staaten wie Russland, China, Indien usw.? Die USA sind die einzige Supermacht, die zumindest wirtschaftlich mit anderen (kleineren) hochentwickelten Industrienationen mithalten kann. Aber die EU und die USA sind grundverschieden. Die EU ist kein homogenes Staatengebilde — jedes EU-Land hat seine eigenen Sozial- und Steuersysteme, seine eigene Kultur, Sprache usw. Ein nachhaltiger Erfolg in einer derart widersprüchlichen Interessengemeinschaft ist kaum zu erwarten.

Fehler im System?

Der Hauptfehler wurzelt vermutlich in einem unvereinbarem Kuriosum: Die einzelnen EU-Staaten verfügen zwar über einen souveränen Staatshaushalt mit allen daraus resultierenden Zahlungsverpflichtungen — können aber andererseits auf die Einnahmen ihrer eigenen Volkswirtschaft nur noch bedingt Einfluss nehmen. Bereits dieser Umstand macht unsere Volksvertreter teilweise zu hilflosen Statisten in Sachen Wirtschafts- und Finanzpolitik — hinzu aber kommt ein weiteres Handikap: die schleichende Auflösung einstmals intakter Zollgrenzen. Damit verzichtet man auf das zweite wichtige Instrument zur Kontrolle der Staatseinnahmen.

Zigtausend LKW sind nunmehr ständig damit beschäftigt, Waren von einem EU-Land ins andere zu transportieren bzw. zu verschieben. Große Firmen unterhalten für die gesamte EU oft nur noch ein einziges Zentrallager irgendwo in Belgien, Frankreich, Holland. Kann man da sicher sein, dass z. B. die Mehrwertsteuer korrekt in die Staatskasse des Bestimmungslandes fließt? Darf man sich darauf verlassen, dass die per Internet georderten Waren, die den deutschen Verbraucher aus irgendeinem fernen Erdteil über ein anderes EU-Land oder gar aus einem Zollfreigebiet erreichen, einwandfrei deklariert, versteuert, verzollt werden? Nein, soviel Naivität kann uns niemand abverlangen. Oft wird der lästige Warentransfer auch noch mit EU-Subventionen belohnt. Damit erhöht sich das unkontrollierbare Schummelpotential.

Einschränkung der Souveränität!

Wieviel Souveränität wird den einzelnen EU-Staaten noch zugestanden? Nur noch teilweise dürfen sie wichtige Entscheidungen selbst treffen. Die EU-„Regierung“ bombardiert ihre Mitgliedsländer mit jährlich ca. 100000 Seiten neuen Verfügungen, Richtlinien und Gesetzen, die deren Handlungsspielraum weiter einengen. Die zusätzliche Vorschriftenflut belastet nicht nur die Wirtschaft, sie beschränkt auch staatliche Lenkungsprozesse. Ist das die grenzenlose Freiheit, von der wir alle geträumt haben?

Vereinheitlichung der Löhne!

Schon jetzt erleben wir durch die offenen Grenzen und die einheitliche Währung eine Angleichung des Lohnniveaus. Für Hochlohnländer wie Deutschland bedeutet das jahrzehntelanges Stillhalten – bis schließlich die wirtschaftlich schwächeren Länder (zur Zeit Spanien, Griechenland, Portugal, später dann Polen, Ungarn usw.) unser Level erreicht haben. So ist zum Beispiel das BSP pro Kopf von 1990 bis 1999 in Portugal um über 100 %, in Deutschland aber nur um 14 % gestiegen. Sollte man hierüber im vielgepriesenen „Informationszeitalter“ nicht offen diskutieren?

Babylonische Sprachenvielfalt?

Langfristig gesehen erfordert ein funktionsfähiges „Großeuropäisches Reich“ auch eine einheitliche Amtssprache (die USA mussten diesen Schritt einst auch vollziehen). Aber auch diese Diskussion scheint heute unerwünscht und würde von den meisten Politikern sicher als unrealistische Panikmache oder gar Hetzkampagne abgetan. Doch hätten wir uns vor einigen Jahren träumen lassen, wie schnell unsere hochangesehene Währung dem Europagedanken geopfert würde?

Wann lässt man die Katze aus dem Sack?

Ich wünschte mir, die weiteren Ziele der EU würden offen und ehrlich ausdiskutiert. Und ich wünschte mir, dass sich nicht einige wenige Spitzenpolitiker das Recht herausnehmen, wie gewohnt über den Köpfen der Bevölkerung hinweg weitreichende Entscheidungen zu treffen. Die Siegermächte der beiden Weltkriege und die aus dem Versailler Vertrag hervorgegangene Nazidiktatur haben dem deutschen Volk genug aufgezwungen – in der heutigen Zeit sollte endlich Schluss sein mit der Bevormundung der Bürger.

Angeblich soll die EU lediglich ein netter, loser Zusammenschluss souveräner Staaten sein. Dennoch ist man ständig bemüht, die Rechte und Vollmachten der EU-Regierung auszuweiten. Man wird nicht ewig so tun können, als ob die EU und mächtige Nationalstaaten nebeneinander existieren könnten. Irgendwann kommt sicher das Eingeständnis, die Staats- und Steuerprobleme seien nur noch durch einen europäischen Einheitsstaat zu lösen. Doch eine solche Konstruktion schafft neue Probleme – und stößt zudem bei vielen EU-Staaten auf strikte Ablehnung. Wie sollen derart unvereinbare Zwiespälte jemals gelöst werden? Glaubt man etwa, nach alter Sitte sich ewig durchwursteln zu können?

Wann kommt die Asiatische Union?

Wenn tatsächlich das vereinte Europa das überzeugende Erfolgsmodell ist, als das es der weitgehend ungefragten Bevölkerung immer wieder präsentiert wird – warum beeilen sich nicht andere Regionen, es uns gleichzutun. Warum fusionieren die Japaner nicht mit den Tigerstaaten, wenn es doch zu solchen Vereinigungen im globalen Wettkampf sowieso keinerlei Alternative gibt? Warum denken die sonst so gelehrigen Japaner nicht über ein Sache nach, die doch angeblich „selbstverständlich und logisch konsequent“ ist?

„Stabiler als die DM ...“

Auf ihre DM konnten die Deutschen wirklich stolz sein – man vertraute ihr, sie wurde zur drittwichtigsten Währung der Welt.

Und doch wurde die Erfolgsgeschichte nach 50 Jahren beendet –weil die Abgeordneten im Bundestag im krassen Gegensatz zur Volksmeinung unsere Mark zugunsten des Euro-Experiments aufgaben. Hier zeigte sich wieder das „geniale“ System von offenen Abstimmungen im Parlament, das die repräsentative Demokratie ad absurdum führt.

„Logisch und konsequent!“

Selbst beim Euro wird die Logik und Vernunft als Begründung missbraucht. Man nutzt wieder einmal die Kompliziertheit der weltwirtschaftlichen Zusammenhänge, um mit fadenscheinigen Argumenten eine Notwendigkeit zu konstruieren.

Natürlich gibt es sie auch, die positiven Aspekte, die immer wieder heruntergeleiert werden. Dazu zählen das vereinfachte Handling bei Urlaubsreisen ins Ausland, die bessere Preistransparenz, das Entfallen von Wechselgebühren, eine größere Kalkulationssicherheit für Firmen und eine einfachere Abrechnung mit Zulieferern aus anderen Euroländern.

Marktwirtschaft wird ausgeschaltet!

Aber diese offensichtlichen Vorzüge fallen bei der Gesamtbewertung kaum ins Gewicht, sind eigentlich nur Lappalien. Viel gravierender ist, dass ohne eigene Währung das System der Marktwirtschaft nicht richtig greifen kann.

Die Zinsen zum Beispiel können nicht mehr der Inflation und den speziellen Bedürfnissen eines Landes angepasst werden – die Justierung der Wirtschaft über die Zinsschraube ist also nicht mehr möglich, den Konjunkturzyklen steht man damit recht hilflos gegenüber.

Außerdem spiegelt der Außenwert des Euro nicht mehr die Wirtschaftskraft der einzelnen Länder wider. Wenn die Konjunktur in Frankreich brummt, in Deutschland aber lahmt, wie soll der Kurs darauf reagieren?

Leidtragende sind wieder die Hochlohnländer!

Die Produktion und das Investitionskapital wandern üblicherweise dorthin, wo die Bedingungen am günstigsten sind. Dass nicht noch mehr Gelder in die Niedriglohnländer fließen, liegt oft an der mangelhaften Infrastruktur und instabilen wirtschaftlichen und politischen Verhältnissen. Weil Investoren derartige Risiken scheuen, haben auch Hochlohnländer noch eine Chance im weltweiten Standortwettbewerb.

Was aber, wenn die Risiken in Ländern mit niedrigerem Lohnniveau schwinden, weil die EU und der Euro dort eine hundertprozentige Sicherheit garantieren? Natürlich sind dann diese Länder im Vorteil und werden von Investoren bevorzugt, sobald andere Faktoren es zulassen (genug Arbeitskräfte, nicht zu hohe Transportkosten usw.). Dieser Trend verstärkt sich durch das hauptsächlich von Deutschland finanzierte EU-Förderungsprogramm, wodurch zusätzliche Subventionen in die „ärmeren" Länder fließen. Deutschland ist also auch in dieser Beziehung wieder der Verlierer des Euro.

Größere Stabilität?

Viele Eurofans versuchen mit einem weiteren scheinbar logischen Argument ihre geliebte Einheitswährung zu rechtfertigen. Sie vergleichen die Bevölkerung: 300 Millionen Menschen sind mehr als 80 Millionen – also ist der Euro ungleich bedeutender und stabiler als die DM.

Aber diese Aufrechnung ist kindisch. Demnach müssten die indische Rupie oder der chinesische Yuan die Leitwährungen dieser Welt sein. Natürlich bestimmen nicht Einwohnerzahlen, sondern Wirtschaftskraft, politische Stabilität, Verlässlichkeit, Zukunftsaussichten und Homogenität eines Wirtschaftsraumes den Wert einer Währung.

Und hier liegt beim Euro vieles im Argen. Wird die „Zwangsvereinigung" verschiedener Staaten auf Dauer gutgehen? Wie groß wird die EU, reicht die Osterweiterung eines Tages bis zum Ural oder gar bis Wladiwostok (wenn die Türkei als potentielles Mitgliedsland gilt, darf man Russland wohl kaum abweisen)? Wie entwickelt sich ein zusammengewürfeltes Wirtschaftsgebiet mit unterschiedlichen Steuergesetzen, Lohneinkommen usw., wenn die Währung nicht auf die Fehlentwicklungen eines Landes reagieren kann? Die Devisenmärkte jedenfalls strafen diese unsolide Euro-Konstruktion mit Missachtung. Jetzt den Überraschten zu spielen, weil der Euro dermaßen in den Keller gerauscht ist, halte ich für heuchlerisch. Der Euro ist unkalkulierbar, und das beeinträchtigt nun einmal seinen Außenwert, zwingt die Zentralbank zu höheren Zinsen und verlangt von den Eurostaaten eine strikte Ausgabendisziplin, einen Verzicht auf Konjunkturprogramme usw.

Wie würde wohl der US-Dollar reagieren, wenn er mit den Währungen Mexikos und Südamerikas verschmolzen würde? Von einem solchen Dollar würden die Anleger auch ihre Finger lassen, er würde im Außenwert abstürzen und vermutlich eine Weltwirtschaftskrise auslösen.

Bewährungsprobe bestanden?

Selbst aus dem Terroranschlag vom 11. 9. 2001 versuchen die Euro-Lobbyisten noch Kapital zu schlagen. „Der Euro hat seine Bewährungsprobe bestanden", jubeln sie, „nicht auszudenken, wie die Finanzmärkte ohne diese stabile Währung reagiert hätten". Haben aber nicht alle Währungen den 11. September gut überstanden, wurden nicht auch vor Einführung des Euro Krisen bewältigt?

Fehler eingestehen?

Hätte man Hitler am Ende seines Krieges gefragt, ob nicht vielleicht doch der Einmarsch in Polen oder in Russland oder gar der Holocaust Fehler waren, er hätte seine Irrtümer immer noch geleugnet. Bis zuletzt hätte er seine Untaten als missionarische Aufgaben verteidigt, die er in Sorge um die Zukunft der Menschheit sich aufbürdete.

Ähnlich schätze ich die Lage beim Euro ein. Eine rechtzeitige Umbesinnung halte ich für ausgeschlossen – es bedarf eines totalen Niedergangs oder Zusammenbruchs, um das Euro-Experiment zu beenden.

Dabei wäre es, solange die Euro-Staaten noch einen Hauch Souveränität ihr Eigen nennen können, doch sicher möglich, aus den Verträgen auszusteigen und wieder eigene Währungen einzuführen. Man könnte diese Euro-Schnappsidee dann solange zurückstellen, bis alle EU-Staaten der völligen Aufgabe der eigenen Souveränität und der Schaffung eines echten Einheitsstaates zugestimmt hätten. Aber wie gesagt, soviel Vernunft und Schneid ist illusorisch, darauf sind unsere verkrusteten Parteidiktaturen nicht eingerichtet.

„Die Globalisierung bringt uns Frieden ...“

Ein zweifelhaftes Anliegen untermauern geschickte Demagogen gerne mit unbeweisbaren Behauptungen. Die Nazi-Führer waren wahre Meister dieser Taktik, aber auch heute sind sich viele politische Wortführer nicht zu fein, mit solchen Tricks auf Stimmenfang zu gehen.

Bringt die Globalisierung wirklich den sicheren Frieden wie immer wieder behauptet wird? Es ist zwar richtig, dass die Vernetzung wirtschaftlicher Beziehungen eine friedensstiftende Wirkung haben kann. Aber aus den Abhängigkeiten zu anderen Staaten können ebenso Probleme erwachsen, die zu Konflikten und kriegerischen Auseinandersetzungen ausarten. Die durch die Globalisierung erfolgte schleichende Unterwanderung der Kulturen birgt eine latente Gefahr für Terror und Krieg, die irgendwann in einem Desaster enden kann.

Frieden durch Abschreckung

Wenn die letzten Jahrzehnte auf unserer Erde verhältnismäßig friedlich verliefen, so ist dies vermutlich in erster Linie die Folge der fortgeschrittenen Waffentechnik. Die Atombombe hat den Ausgang großer Kriege unkalkulierbar werden lassen – eine totale Vernichtung unserer Erde durch einen Weltkrieg wollen nicht einmal Diktaturen riskieren.

Beim zweiten Weltkrieg war dies noch völlig anders: Die Alliierten wussten, dass mit Amerika im Rücken (und dessen überlegener Finanz- und Produktionskraft) sie den Krieg gegen eine von einem Wahnsinnigen unterdrückte Nation überhaupt nicht verlieren konnten. Ihre Kriegserklärung an Deutschland war also völlig rational – ebenso ihre Akzeptanz des russischen Überfalls auf Polen (statt der UdSSR ebenfalls den Krieg zu erklären haben sie bekanntlich mit Stalin eine Allianz gebildet).

Keine Friedensgarantie!

Wer behauptet, die Globalisierung mache den Frieden sicherer, argumentiert unseriös. Niemand ist in der Lage, das Für und Wider in dieser Angelegenheit genau abzuwägen.

„Die Globalisierung stärkt die Marktwirtschaft ...“

Dass die freie Marktwirtschaft nicht mehr so richtig funktioniert, ist kaum zu übersehen. Wachsende Probleme in fast allen Staaten der Erde und die ewige Furcht vor einer drohenden Weltwirtschaftskrise machen deutlich: Irgendetwas läuft schief! Bloß was? Ist es am Ende tatsächlich so, dass der Kapitalismus nach der eindeutigen Niederlage der kommunistischen Alternative sein wahres Gesicht zeigt und zum hemmungslosen Ausbeuter des Menschen mutiert?

Wo liegen die Probleme?

Bei allen Spekulationen über mögliche Zusammenhänge wird, wie so oft, das Wesentliche verdrängt oder übersehen: Eine erfolgreiche freie Marktwirtschaft kann es nur geben in einem vor äußeren Dumpingattacken geschütztem Wirtschaftsraum. Mit anderen Worten: Freie Marktwirtschaft und uneingeschränkter internationaler Verdrängungswettbewerb — beides passt auf Dauer nicht zusammen.

Das natürliche Kräftespiel

In einem vor äußeren Wettbewerbsverzerrungen geschützten Wirtschaftsraum reguliert eine freie Marktwirtschaft sowohl das Angebot als auch das Preisniveau. Das Wirtschaftswachstum wird dabei quasi <u>automatisch</u> an die Verbraucher weitergegeben. Das bedeutet ein ständig steigendes Realeinkommen für die gesamte Bevölkerung (entsprechend des produktiven Fortschritts). In einem derartig überschaubaren Gefüge „heilt“ die Marktwirtschaft sich immer wieder selbst — überzogene Forderungen der Arbeitnehmer oder der Unternehmer sind dort wirkungslos, weil sie über die Inflationsrate ausgebügelt werden.

Kommt es zum Beispiel zu 10%igen Lohnerhöhungen bei einer Produktivitätssteigerung von nur 3 %, wird diese unvernünftige Habgier zwangsläufig durch eine etwa 7%ige Inflationsrate bestraft. Und umgekehrt, wenn also die Lohnerhöhungen mit den Produktionsfortschritten nicht mithalten, sinken wegen des nicht verkaufbaren Überangebots zwangsläufig die Preise. Auch andere Faktoren (Kapitalbildung, Zinsen usw.) regulieren sich in einem intakten Markt von selbst und fördern das Allgemeinwohl.

Dieses eigentlich faszinierende System ist durch die ungezügelte Globalisierung und die kontroverse EU inzwischen nahezu außer Kraft gesetzt. Nicht nur, dass durch die offenen „Wettbörsen“ der Aktien-, Finanz-, Rohstoff- und Devisenmärkte die Spekulanten überdimensional Einfluss auf die Weltwirtschaft gewonnen haben — auch durch die gewachsene Macht der Großunternehmen sind nationale Probleme im Zeitalter der Globalisierung kaum noch in den Griff zu kriegen. Die internationalen Konzerne untergraben das Kräftespiel der freien Marktwirtschaft, weil sie nach Belieben Produktionen in die Dumpingregionen dieser Erde verlagern und die konkurrierenden Staaten gegeneinander ausspielen können (Investitionsbeihilfen, Steuergeschenke usw.).

Zwar würde es eines fernen Tages durch die Kräfte des freien Marktes weltweit zu einer Angleichung der Lohn-, Sozial-, Öko- und Steuerstandards kommen (falls die Probleme mit der Korruption, der Mafia und den Diktaturen zuvor gelöst wurden) — aber eine solche Entwicklung wird Jahrhunderte in Anspruch nehmen. Erst dann hätten wir (wenn alles gut geht) einen intakten, sich selbst regulierenden, freien Weltmarkt.

Dürfen dieser kühnen Vision mehrere Menschengenerationen „geopfert“ und den Kapitalkräften ausgeliefert werden? Es gibt wahrlich intelligentere Lösungen, um eine weltweite Angleichung des Wohlstandes zu erreichen!

Freie Marktwirtschaft und uneingeschränkter internationaler Verdrängungswettbewerb — beides passt auf Dauer nicht zusammen.

„Das einzige Problem ist das Überangebot ...“

Ist es wirklich so einfach: „Schuld an den wirtschaftlichen Problemen, an der Armut, Arbeitslosigkeit und Lohnstagnation ist das weltweite Überangebot an Waren und Arbeitnehmern.“ Die gängige Lehrmeinung sieht dies als unwiderlegbare Tatsache und fühlt sich berechtigt, alle weiteren Überlegungen aus diesem Grundsatz abzuleiten.

Peinlich nur (und verhängnisvoll), wenn bereits diese grundlegende Einschätzung sich als falsch erweisen sollte. Dann wären auch alle Schlussfolgerungen haltlos und es würde mit ungeeigneten Rezepten ein nicht vorhandenes Symptom bekämpft.

Es fehlt „nur“ das Geld!

Ich halte es für arrogant, von einer Überproduktion und einem Überangebot an Arbeitskräften auszugehen. Die Verbraucher haben schließlich unzählige Wünsche, die sie sich allzugern erfüllen würden. Die vermeintliche Überproduktion wäre schnell abgebaut, wäre nur ausreichend Geld im Umlauf. Auch das Heer der Arbeitslosen würde sich dadurch in Luft auflösen.

Das ganze Dilemma beruht eindeutig auf der Fehlsteuerung des Geldes – wie kann man nur annehmen, zu großer Fleiß und übertriebene Arbeitswut der Menschen seien Ursprung allen Übels. Würden die verantwortlichen Politiker und das Großkapital der Menschheit gestatten, sich so viel zu leisten und anzuschaffen wie sie zu erwirtschaften imstande ist, wäre eine weltweite Vollbeschäftigung und ein hoher Lebensstandard die logische Konsequenz.

Übertriebene Inflationsängste!

Anstatt zu überlegen, warum so viel Kaufkraft den Konsumenten entzogen wird, bemüht man sich lediglich um eine niedrige Geldentwertung. Als ob die Qualität einer Wirtschaftspolitik an der Inflationsrate abzulesen wäre!

Das globale Produktionspotential wird durch eine strikte Geldverknappung eingeschränkt, so dass die Arbeitnehmer dieser Welt sich im internationalen Konkurrenzkampf um die künstlich verknappten Arbeitsplätze schlagen und unterbieten, die Schere zwischen Arm und Reich immer größer wird. Eines fällt auf – die Erfinder und Befürworter der Geldverknappungs-Strategie gehören allesamt zur betuchten Oberschicht, den eindeutigen Nutznießern von niedrigen Löhnen und billigen Dienstleistungen.

Geschickt wird die Inflation als Geißel des kleinen Mannes gebrandmarkt. Ein Hohn, wie ich meine! Denn Ursprung einer etwas höheren Geldentwertung ist naturgemäß ein Anstieg des allgemeinen Lohnniveaus. Davon profitiert aber eindeutig der kleine Mann, während der Reiche um seine Pfründe und Privilegien bangen muss.

Lieber 5 % Inflation . . .

„Lieber 5 % Inflation als eine Arbeitslosenquote von 5 %". Dieser Ausspruch eines ehemaligen Bundeskanzlers wird des öfteren mit der schadenfrohen Bemerkung kolportiert: „Nachher hatte er beides!". Dabei halte ich die Grundeinstellung für durchaus richtig. Bloß: In einem immer „freier" werdenden Weltmarkt kann das Ganze natürlich nicht funktionieren. Steigen die Löhne hier zu Lande zu stark, kommt es bei schwachen Zollgrenzen zum Desaster: Ein großer Teil der zusätzlichen Kaufkraft fließt ins Ausland, die Wettbewerbsfähigkeit gegenüber den Dumpinglohnländern verschlechtert sich, die Arbeitslosenzahlen steigen. Nicht also die Inflationsrate als solches ist das Übel, sondern die Inflationsrate in Verbindung mit einem zu liberalen Geld- und Warenverkehr.

Keine Einigung in Sicht!

Und damit kommen wir zum Hauptproblem. Bei der derzeitigen Globalisierung, dem Verzicht auf wirkungsvolle Zollgrenzen, ist eine Ausweitung der Geldmenge, sind höhere Reallöhne und eventuell etwas mehr Inflation im nationalen Alleingang kaum möglich. Weil es einen intakten Binnenmarkt nicht mehr gibt, müsste man sich schon weltweit einigen auf höhere Löhne, Öko- und Sozialstandards.

Doch seien wir ehrlich, diese Gemeinsamkeit ist Utopie. Wenn nicht einmal die EU sich in wichtigen Punkten einigen kann (es sei dann, Deutschland zahlt), wie will man dann große Diktaturen in Asien dazu bewegen, freiwillig auf ihre Wettbewerbsvorteile zu verzichten?

„Die Verschmelzung der Kulturen bringt uns allen Vorteile ...“

Haben die modernen Industrienationen das Recht, andere Kulturen und Religionen mit ihrer Weltanschauung zu infizieren? Unter dem Deckmantel der Globalisierung wird genau dies betrieben, auch wenn vielleicht keine konkrete Absicht dahintersteckt.

Der Turbo-Kapitalismus und die moderne Lebensart haben auch in der abendländischen Kultur tiefe Spuren hinterlassen. Moral und Religion haben längst nicht mehr den Stellenwert, der ihnen früher einmal beigemessen wurde. Wir leben heute in einer profitorientierten Prestige-Gesellschaft, der sich jedermann weitgehend unterordnen muss und die auch unser Privatleben grundlegend verändert hat.

Darf man den Moslems verdenken, dass ihnen diese Umwälzungen unheimlich sind, dass sie den Verlust alter Traditionen und Werte fürchten?

Es sind die Produkte <u>unserer</u> Zivilisation, die die ganze Welt erobern. Es sind unsere Konzerne, die sich überall breitmachen, riesige Gewinne einfahren und die Arbeitnehmer vielerorts mit Hungerlöhnen abspeisen. Gibt es internationale Großkonzerne aus islamischen Ländern? Es ist unser anerzogenes Profitstreben, unsere Leistungsgesellschaft, die überall in der Welt zur größten Maxime und Lebensphilosophie erhoben wird.

Das islamische Wertesystem wird zersetzt. Da ist es kaum noch erstaunlich, dass als Gegenreaktion zu diesem Trend in manchen islamischen Staaten die Fundamentalisten immer weitere Anhänger finden.

Gibt es eine Alternative?

Wir haben uns angewöhnt, Fehlentwicklungen zu akzeptieren mit der typischen Entschuldigung, es gäbe dazu keine Alternative. Dieses Vorgehen ist zwar bequem, löst aber keine Konflikte. Natürlich gäbe es Möglichkeiten, auf islamische oder andere Traditionen und Empfindsamkeiten stärker Rücksicht zu nehmen. Anstelle der wirtschaftlichen Invasionspolitik (Ansiedelung westlicher Großkonzerne) könnten islamische Firmen und Produktionsstätten und der dortige Binnenmarkt stärker gefördert werden. Es könnte die oft arrogant anmutende Vorgehensweise gegenüber dem Islam (Israel/Palästinenser-Konflikt, Irak-Bombardement, Irak-Embargo) vielleicht überdacht werden.

Das politische Spiel mit unschuldigen Menschenleben ist keine Erfindung islamischer Fanatiker. Die Taliban in Afghanistan z. B. wurden von der CIA wohl kaum unterstützt, um das Land zu befrieden, sondern um der kommunistischen UdSSR eine Niederlage zu verpassen. Und gegenüber den islamischen OPEC-Staaten galt die Sorge westlicher Regierungen, so schien es jedenfalls, generell eher dem Ölpreis und der reibungslosen Ölversorgung als der dort lebenden Bevölkerung.

Die westliche Zivilisation hat sich angewöhnt, alles nach ihren Wertmaßstäben zu richten. Dabei dürfte bekannt sein, dass unsere Weltanschauung immer stärker geprägt wird von kommerziellen Fernsehsendern und dem, was uns einige einflußreiche Kapitalisten vorbeten. Dass unsere christlich begründete Kultur nicht das Maß aller Dinge ist, scheint angesichts unseres relativ hohen Lebensstandards vielen Wohlstandsbürgern nicht einzuleuchten.

Ich persönlich empfinde die durch die Globalisierung forcierte Gleichschaltung und „Verwestlichung" der Kulturen nicht als Sieg, weil ich von der Überlegenheit unseres materialistisch geprägten Wertesystems nicht überzeugt bin und mir intakte unterschiedliche Gesellschaftsformen lieber sind als eine weltweite Anpassung und Egalisierung.

> Wir haben uns angewöhnt, Fehlentwicklungen zu akzeptieren mit der typischen Entschuldigung, es gäbe dazu keine Alternative.

„Die Globalisierung beschert uns eine größere Angebotsvielfalt ...“

Der Welthandel vergrößert das Angebot – diese Aussage ist korrekt. Doch die Globalisierung bewirkt das Gegenteil!

Warum nun vergrößert der Welthandel schon, die Globalisierung aber nicht die Angebotsvielfalt? Globalisierung bedeutet vor allem Abbau der Zölle und Handelschranken, und dies wiederum ist ausschlaggebend für den ruinösen, weltweiten Wettbewerb. Diesem internationalen Konkurrenzkampf fallen immer mehr innovative Unternehmen zum Opfer (sie werden vom finanzkräftigeren Mitbewerber geschluckt).

Nur die Global Player überleben

Ein gutes Beispiel hierfür liefert die Automobilbranche. Die Zahl der Marken geht beständig zurück, in 2010 wird es weltweit vielleicht gerade noch zehn selbständige Autokonzerne geben. Bieten aber zehn Autokonzerne (in 20 Jahren werden es noch weniger sein), eine größere Vielfalt als 100 eigenständige Marken, wie es sie in der Vergangenheit gab? Nicht einmal große Preisvorteile ergeben sich daraus. Seit 1980 haben sich die Preise für PKW in etwa verdoppelt, die Preise für die nicht in Großserie hergestellten Eigenheime haben sich dagegen kaum erhöht.

Globalisierung bedeutet letztlich Monopolisierung

Der normale freie Welthandel, so wie er z. B. in den Wirtschaftswunderjahren üblich war, sicherte die Existenz der nationalen Hersteller, und die Verbraucher konnten zusätzlich auf interessante Produkte ausländischer Fabrikate zurückgreifen. Ein weltweiter Wettbewerb gedieh, der Innovationen und Vielfältigkeit förderte. Heute bestimmen einige Konzernlenker in Detroit, Stuttgart oder Tokio weitgehend die Produktlinie, nicht nur in der Autobranche. Zwar ist die Modellpalette noch überreichlich groß (der Absatz hat sich inzwischen ja auch vervielfacht), doch die maßgeblichen Ideenschmieden und Entwicklungszentren werden rarer. Früher konnte ein einzelner Mann wie Porsche oder Borgward für einen frischen Wind sorgen – heute gibt es nur den internationalen Standard der auf Profit getrimmten Konzerne.

„Die Früchte der Globalisierung werden ungleichmäßig verteilt …"

Im Februar 2002 zeigten sich auf der Weltwirtschaftskonferenz in New York 2700 auserwählte Vertreter aus Politik und Wirtschaft besorgt darüber, dass „die Früchte der Globalisierung ungleichmäßig verteilt werden". Doch dieser Vorwurf richtete sich nicht etwa an die eigene Adresse – den USA und Europa wurde vorgeworfen, dass sie „mit Zollbarrieren und Subventionen anderen Staaten erschwerten, an den Vorteilen der Globalisierung teilzuhaben". Und schließlich: „Diese Vorgänge seien der Nährboden für Extremismus und Terrorismus".

Diese totale Tatsachenverdrehung ist symptomatisch. Natürlich waren es die Globalisierer selbst, die das perfekte System der Ausbeutung errichtet haben. Voraussetzung dafür war der rigide Abbau der Zölle – die verbliebenen Zollschranken als Ursache allen Übels zu brandmarken und die Schuldzuweisungen an die US- und EU-Bürger sind der Gipfel von Hinterlist und Unverschämtheit. Zweifelsohne zählen die gescholtenen Bürger der Industrienationen selbst zu den Opfern, denn ihre Reallöhne sind seit 1980 gesunken, trotz aller technischen Fortschritte und Produktivitätsschübe.

Also wieder einmal nur plumpes Propagandageheul, keine Spur von Einsicht und ehrlichem Interesse an Problemlösungen. Die Reichen haben wieder nur eines im Sinn: Sich aus der Verantwortung stehlen und anderen ein schlechtes Gewissen einreden. Ablenken vom weltweiten Ausbeutungssystem durch das Großkapital und die Menschheit aus Ost und West, Nord und Süd gegeneinander aufhetzen.

Auf der Gegenveranstaltung zu New York, im brasilianischen Puerto Alegre, hörte man dann auch ganz andere Töne. Der russische Ministerpräsident Kassjanow kam zu dem Schluss, dass die Zunahme terroristischer Aktivitäten weitgehend das Ergebnis einer zu weit gehenden Globalisierung sei. Brasilianische Bischöfe stellten fest, „die Globalisierung habe die soziale Ungerechtigkeit und das Elend auf der Welt vertieft, Macht und Reichtum aber weiter konzentriert". Argentinien sah man als Beispiel für die negativen Auswirkungen der wirtschaftlichen Globalisierung und als Beweis dafür, dass „das System einfach nicht funktioniert".

Strategie der Täuschung

Die Systematik ist unverkennbar: Alles Dubiose, was in der Bevölkerung ein gesundes Misstrauen hervorruft, wird flugs mit dem Prädikat „wohlstandsfördernd“ behaftet. So war das bereits bei der EU, dem Euro und der Globalisierung, und so ist es immer noch, wenn zweifelhafte Entscheidungen anstehen (z. B. der Zuwanderung).

Die in diesem Kapitel aufgeführten Beispiele haben, so hoffe ich, die verzweifelten Bemühungen der Rechtfertigung und Beweisführung seitens der Globalisierer bloßgelegt. Deren wohlklingende Versprechen und Verheißungen sind selten mehr als heiße Luft, sie dienen der Propaganda und der Ablenkung von der wahren Problematik. Den arroganten Versuch der Kapitallobby, die Gesetze der Logik neu zu definieren, betrachte ich als gescheitert.

Das Grundgesetz ließ es nicht zu!

Über wirklich relevante Grundsatzfragen wird selten seriös diskutiert – und schon gar nicht darf darüber auf breiter Basis abgestimmt werden. Eine der fiesesten Entschuldigungen für unterbliebene Volksabstimmungen ist nach meinem dafürhalten das Argument, „unser Grundgesetz erlaubt das leider nicht“. Selbst beim Euro wurde auf diese Weise das gefürchtete Referendum abgeblockt. Dabei sind die Politiker selbst doch die Hüter und Gestalter unserer Verfassung, sie haben das Recht und sogar die Pflicht, frühere Versäumnisse zu korrigieren. Wie kann man sich nur immer wieder hinterlistig hinter einer Verfassung verschanzen, die vor über 50 Jahren geschaffen wurde und von Anfang an nicht den Status der absoluten Perfektion genoss?

Den arroganten Versuch der Kapitallobby, die Gesetze der Logik neu zu definieren, betrachte ich als gescheitert.

Kapitel II

Innere Reformen nützen wenig!

Der Kampf gegen Windmühlen!

Wer nur mit inneren Reformen die von außen kommenden Probleme meistern will, müht sich wie Don Quichotte im Kampf gegen die Windmühlen.

„Alles muss besser werden ...“

Im ersten Kapitel habe ich versucht, die falschen Thesen zu entlarven, mit denen die Globalisierung verklärt und die Menschheit genasführt wird. In diesem Kapitel wende ich mich nun den wohlgefälligen Thesen zu, die geeignet sein sollen, die anerkannten Missstände zu beheben. Tatsächlich versucht man den Eindruck zu erwecken, mit einem Wunschkatalog von Reformen könne man den Herausforderungen des uneingeschränkten Welthandels begegnen.

So fordern die Protagonisten der Globalisierung immer wieder einen Abbau der Bürokratie, das Stopfen von Steuerschlupflöchern, mehr Flexibilität bei den Tarifverträgen, eine bessere Förderung der Forschung und Wissenschaft, eine Verschlankung der sozialen Sicherungssysteme usw. Dass in den genannten Bereichen sicherlich einiges verbessert werden kann, sei unbestritten. Aber seit Jahrzehnten versuchen sich nun schon die großen Parteien und unzählige Politiker an dieser Optimierungsphilosophie, und besonders viel gebracht hat es bislang nicht. Den alten Zauber immer wieder als wirkungsvolle Medizin gegen die Auswüchse der Globalisierung aufzutischen, halte ich weder für originell noch für seriös. Vergessen wir nicht: Auch andere vermeintlich vorbildliche Staaten kochen nur mit Wasser und erreichen keine Perfektion. In dem einem oder anderem Punkt mögen unsere „Konkurrenten“ weiter sein als wir, aber dafür haben sie oft andere, schwerwiegendere Defizite. Summa summarum schneiden vergleichbare Staaten kaum besser ab als Deutschland.

Übrigens erkenne ich bei den genannten Patentrezepten eine gehörige Portion Arroganz und Überheblichkeit. Einerseits wird eingeräumt, andere Völker seien ebenso intelligent und ebenso tüchtig wie wir – aber dennoch meint man beharrlich, die deutsche Rasse könne durch besonders hohe Leistungen die Billigkonkurrenz auf Dauer übertrumpfen oder in Schach halten. Da ist er wieder, der deutsche Übermenschgedanke. Glaubt man ernsthaft, der ungeschützte zollfreie Welthandel erlaubt uns auf Dauer Lohnkosten, die dreißig Mal höher sind als anderswo? Wann beginnt man endlich, den Ernst der Lage zu begreifen?

„Die Sozialhilfen sind zu hoch..."

Jeder kennt die platten Sprüche, ausgesprochen vor allem von denen, die sich auf der sicheren Seite wähnen: „Es ist doch ganz einfach — man muss nur die Sozialhilfen senken und dann wird das faule Pack sich schon zur Arbeit bequemen". Andere drücken sich nicht ganz so plump aus, meinen aber im Grunde dasselbe, wenn sie mehr „Motivation", ein „stärkeres Leistungsprinzip" oder „fördern und fordern" verlangen.

Derweil ist die Absenkung der Sozialhilfen eine äußerst heikle und gefährliche Angelegenheit. Denn über den Sozialhilfesatz wurde eine Art indirekter Mindestlohn in unser Gesellschaftssystem verankert. Wem will man verdenken, dass er für 900,- Euro im Monat nicht arbeiten möchte, wenn er 1000,- Euro an Stütze (samt Nebenleistungen) erhält? Bei niedrigeren Sozialhilfen wäre die Akzeptanz unattraktiver Arbeitsplätze sicherlich größer, vorübergehend könnte tatsächlich eine kleine Entlastung auf dem Arbeitsmarkt eintreten.

Aber eben leider nur vorübergehend. Denn mit dem Absenken der Sozial- bzw. Arbeitslosenhilfe wird die komplette gesellschaftliche Abwärtsspirale in Bewegung gesetzt. Der Dominoeffekt stellt sich ein: Der stärkere Druck, der sich anfangs auf die unteren Lohngruppen beschränkt, setzt sich nach oben fort und bringt schließlich auch die höheren Gehaltsempfänger in Bedrängnis. Letztlich rutscht das gesamte Niveau der Arbeitseinkommen nach unten und bietet beste Voraussetzungen für eine wirtschaftliche Depression. Und natürlich steht man eines Tages auch wieder vor dem alten Problem, dass die Sozialhilfe mit den Niedrigstlöhnen kollidiert. Soll die Prozedur sich dann wiederholen?

Unterschätzen sollte man auch nicht den sozialen Zündstoff, der mit dieser Abwärtsbewegung einhergeht. Die Wut der Unterdrückten und Loser wird angeheizt — amerikanische Zustände wären nicht mehr fern. Nicht nur die Gutsituierten, auch die Normalverdiener könnten sich in einem solchen Land kaum noch sicher fühlen. Häuser und Autos müssten zunehmend hinter hohen Mauern und Stacheldraht geschützt und die staatliche Gewalt und die Polizeipräsenz gestärkt werden. Will man es darauf ankommen lassen?

„Viele Arbeitslose sind nicht motiviert…“

„Wir kriegen keine Leute …“

Die auch von den Medien immer wieder gern aufgegriffenen Fallbeispiele und Studien, wonach ehrbare Unternehmer keine Arbeitskräfte finden, können mich nicht beeindrucken. Die vielen hunderttausend offenen Stellen der Statistik erklären sich zum einen durch die ganz normale Fluktuation, zum anderen durch „Karteileichen“ oder unattraktive Angebote.

Nehmen wir ruhig einmal das Paradebeispiel aus Berlin: Die amtlichen Zahlen wiesen dort im Sommer 2001 mehrere tausend offene Stellen für Köche aus, obwohl dort gleichzeitig ebensoviele arbeitslos gemeldet waren. Das vermeintliche Paradoxum bestand aber nur auf dem Papier, denn tatsächlich hat kein einziger Gast auf sein Essen verzichten müssen. Einen zusätzlichen Umsatz durch eine Aufstockung der Beschäftigten in den Restaurantküchen hätte es nicht gegeben.

Viele Gastwirte haben eben nur versucht, über das Arbeitsamt an bessere, billigere oder willigere Leute heranzukommen, also Teile des vorhandenen Personals auszutauschen. Wer als Unternehmer bereit war, vernünftige Gehälter zu zahlen und akzeptable Arbeitsbedingungen zu bieten, für den gab es auch in Berlin keine Schwierigkeiten, qualifizierte Fachkräfte zu finden. Diese Feststellung lässt sich verallgemeinern, sie gilt für nahezu alle Branchen und alle Regionen. Von einzelnen Ausnahmen abgesehen lassen sich seriöse Arbeitsplätze immer kurzfristig besetzen.

Die Kaufkraft ist einfach nicht vorhanden!

Man kann es drehen und wenden wie man will – das Problem liegt nicht in der mangelnden Motivation der Arbeitslosen, sondern in der fehlenden Kaufkraft. Wer soll denn das kaufen, was sechs Millionen Arbeitslose und Frührentner produzieren oder leisten könnten? Wenn das Geld fehlt, erübrigt sich jede Ausweitung von Produktion und Dienstleistung. Auch eine Million zusätzlicher Arbeitsvermittler könnte dieses zentrale Manko nicht beseitigen. In einem globalen Markt führen nur Lohnsenkungen auf breiter Front zu mehr Beschäftigung (weniger Importe, mehr Exporte). Aber ist das die Lösung?

Flexibilisierung der Tarifverträge

Seit jeher sind geltende Tarifverträge vielen Unternehmern ein Dorn im Auge. Vor der Globalisierung, also zu Zeiten starker Produktionszuwächse, boten sich kaum Möglichkeiten, die Tarifverträge in Frage zu stellen. Das ist heute anders. Obwohl Flächentarife für nur noch 60 % der Arbeitnehmer gelten, werden ständig neue Einschränkungen verlangt.

„Die Flächentarife müssen aufgehoben werden..."
Viele gutsituierte Besserverdiener sehen darin die Lösung der Probleme. Sollen doch die Flächentarife endlich aufgehoben werden, jeder Mitarbeiter kann schließlich selbst seinen Lohn aushandeln, das fördert das Leistungsprinzip.

Dass die penetrant geforderte Lohnflexibilität das Lohnniveau weiter sinken lässt, ist den Fürsprechern schon klar. Den Irrungen des offenen unlauteren Weltmarktes kann natürlich mit sinkenden Arbeitseinkommen begegnet werden. Aber es ist schlichtweg eine äußerst primitive und menschenverachtende Problemlösung, die langfristig wegen der sich stetig verringernden Kaufkraft zum Desaster führt.

Ich befürworte genau das Gegenteil — eine Tariflohnpflicht, an die sich alle Firmen zu halten haben. Wer keine Tariflöhne zahlen kann, hat in einer freien Marktwirtschaft nichts zu suchen. Schwache Betriebe mit Ausnahmeregeln und Subventionen künstlich über Wasser zu halten, bedeutet die Aufgabe des marktwirtschaftlichen Prinzips.

„Wir brauchen flexiblere Arbeitszeiten..."
Was so fortschrittlich als flexible Arbeitszeiten eingefordert wird, ist in der Praxis kaum mehr als eine Beschneidung von Schicht- und Erschwerniszuschlägen. Denn die Tarifverträge lassen dem Unternehmer auch heute schon viel Spielraum bei der Gestaltung der Arbeitszeiten. Es geht also hauptsächlich um's Geld, um indirekte Lohnkürzungen.

„Deregulierung des Arbeitsrechts"
Mit schönfärberischen Worthülsen wird versucht, vom eigentlichen Ziel abzulenken. Man möchte Wildwestmethoden

am Arbeitsmarkt, man möchte heuern und feuern können, die Löhne drücken und die Anforderungen an die Arbeitnehmer stetig erhöhen. Aber anstatt seine Wünsche offen einzugestehen, versteckt man sich feige hinter fortschrittlich anmutenden Vokabeln. „Deregulierung das Arbeitsrechts“ — das klingt toll, dahinter verbirgt sich im Grunde aber nichts anderes als ein Ermächtigungsgesetz für Arbeitgeber.

„Fördern und fordern“

Auch dieser neumodische Begriff steht nicht unbedingt für menschliche Fürsorge und Hilfsbereitschaft. Es scheint, als sollten wieder einmal nur die Daumenschrauben weiter angezogen und die Arbeitslosen stärker in die Pflicht genommen werden. Wohl wissend, dass das Grundproblem nicht die Erwerbslosen, sondern die fehlenden Arbeitsplätze sind. Und dieser herrschende Mangel kann durch Zwangsmaßnahmen gegen die Opfer der Gesellschaft nicht aufgehoben werden. Ein schärferes Vorgehen gegen die sozial Schwachen verstärkt den Kampf um das begrenzte Arbeitsplatzangebot, führt also zu einer allgemeinen Senkung des Lohnniveaus. Aber gerade dies ist wohl auch beabsichtigt.

Qualifizierung der Arbeit

Wenig anders verhält es sich mit den immer wieder neu aufgelegten Qualifizierungsoffensiven. Zwar liegt die Arbeitslosenquote bei hochqualifizierten Spezialisten und Fachleuten unter dem Durchschnitt — doch wenn das Arbeitskräfteangebot auf höherer Ebene durch Ausbildungsmaßnahmen deutlich aufgestockt wird, verschlechtern sich auch dort die Bedingungen. Was nützen zehntausend zusätzliche Lehrer, wenn es keine neue Planstellen gibt? Was bringen zehntausend neue Maschinenbauingenieure, wenn der Bedarf stagniert? Würden alle Arbeitnehmer in Deutschland jede Woche fünf Stunden in die Weiterbildung investieren, sähe unsere Arbeitslosenstatistik dann freundlicher aus? Wohl kaum. Es gäbe dann zwar weniger arbeitslose Hilfsarbeiter, dafür aber mehr Lehrer, Ingenieure usw. ohne Job.

„Unser Problem ist der Kündigungsschutz ...“

Dies ist die derzeitige Lieblingsidee der Wirtschaftslobby und der ihnen angeschlossenen Institute und Presseorgane. Man kann sich kaum eine politische Fernsehdiskussion vorstellen, bei der nicht energisch die Aufhebung des Kündigungsschutzes gefordert wird. Dieses „altmodische Relikt“ wird zum zentralen Problem hochstilisiert.

Dabei bedienen sich die Lobbyisten der üblichen Methode: Die Bedeutung ihres Anliegens wird völlig überzogen dargestellt und die Politiker solange damit genervt, bis sie schließlich einknicken. „Schuld an der hohen Arbeitslosigkeit sind die verkrusteten Strukturen, insbesondere der Kündigungsschutz“, wird permanent beteuert. Dabei geht den Anklägern offenbar jeder Realitätssinn verloren. Denn was nützt eine gesamtwirtschaftliche Kostenersparnis von vielleicht 0,3 % durch einen wegfallenden Kündigungsschutz, wenn die deutschen Lohnkosten um bis zu 1000 % höher liegen als in Nachbarstaaten und Zollgrenzen diese Unterschiede kaum noch abfedern dürfen? Bevor man sich über Bagatellen auseinandersetzt, sollten doch wohl erst einmal die zentralen Punkte angegangen werden.

Ich persönlich halte den bestehenden Kündigungsschutz für eine angemessene Balance zwischen Arbeitgeber- und Arbeitnehmerinteressen. Es ist ja einfach nicht wahr, dass in Deutschland niemand entlassen werden darf! Den Konzernen geht es vermutlich in erster Linie darum, bei Produktionsauslagerungen Abfindungskosten für die freigesetzten Mitarbeiter zu sparen. Insofern ist es auch völlig offen, ob der Wegfall des Kündigungsschutzes nicht zu Fabrikschließungen und damit zu höheren Arbeitslosenzahlen führt. Bei einer seriösen Abwägung sollte auch nicht unterschlagen werden, dass Unternehmen in Deutschland Konjunkturdellen durch Kurzarbeit überbrücken können. Insofern hinken viele Vergleiche mit vermeintlich „fortschrittlicheren“ Ländern.

Lohnfortzahlung im Krankheitsfall

Ähnlich wie mit dem Kündigungsschutz verhält es sich mit der Lohnfortzahlung im Krankheitsfall. Die möglicherweise positiven Auswirkungen auf die Wirtschaft sind minimal. Und es besteht auch hier Erklärungsbedarf, warum stetige Produktivitätsanstiege mit dem Abbau von Arbeitnehmerrechten beantwortet werden müssen. Sinn des Fortschritts kann es doch nicht sein, dass der Mensch immer weniger verdient und seine Rechte beschnitten werden.

Ladenschlussgesetz

Was wurde uns nicht alles durch die Flexibilisierung der Ladenöffnungszeiten versprochen! Hartnäckig haben Wirtschaftsvertreter und ausländische Kritiker immer wieder auf diesem Punkt herumgehackt. Eine rosige Zukunft und viele neue Arbeitplätze wurden prophezeit, wenn man eine Reform der Öffnungszeiten umsetzen würde.

Inzwischen ist das alles schon Geschichte, wir haben die neuen Ladenschlussgesetze. Was wir nicht haben, ist der versprochene Aufschwung und die zusätzlichen Arbeitsplätze. Dieses Beispiel entlarvt wieder einmal die typische Vorgehensweise: Immer wieder auf einer banalen Sache herumreiten, die Bedeutung des Vorhabens dramatisieren und goldene Berge versprechen – und wenn schließlich alles brav durchgezogen wurde, verbessert sich rein gar nichts und man ist wieder genauso schlau wie vorher.

Mit dieser Masche sabotiert die Wirtschaftslobby permanent alle wirklich wichtigen Reformen. Während man sich scheinheilig um die Lösung der Probleme bemüht, wird in aller Ruhe das bestehende Ausbeutungsprinzip weiter gefestigt.

> ... was nützt eine gesamtwirtschaftliche Kostenersparnis von vielleicht 0,3 % durch einen wegfallenden Kündigungsschutz, wenn die deutschen Lohnkosten um bis zu 1000 % höher liegen als in Nachbarstaaten ...?

„Mit staatlichen Lohnzuschüssen Arbeit bezahlbar machen ...“

Die offenen Weltmärkte drücken den Lohn für einfache Arbeiten auf ein Niveau, von dem in Deutschland keiner leben kann. Wie bringt man nun weniger qualifizierte Arbeitnehmer wieder in Lohn und Brot, wie macht man schlechtbezahlte Jobs attraktiver? – Mit dem Kombilohn meinen weite Teile der Presse und die ihnen ergebenen Politiker das Rätsel gelöst zu haben. Die grandiose Idee: Die niedrigen Verdienste werden mit öffentlichen Geldern aufgestockt, so dass auch für Sozialhilfeempfänger ein finanzieller Anreiz zur Arbeitsaufnahme besteht. Weil einerseits der Kombilohn stark favorisiert wird, anderseits die Sachlage komplizierter ist, möchte ich auf dieses Thema etwas ausführlicher eingehen.

Ausgehöhltes Tarifsystem

Ist schon vergessen, was mit der Einführung des 325-Euro-Gesetzes bewirkt wurde? Dieser Billiglohnbereich expandierte unaufhaltsam, bis 1999 endlich die Befreiung von den Sozialabgaben rückgängig gemacht wurde. Um im innerdeutschen Verdrängungswettbewerb bestehen zu können, nutzen trotzdem immer mehr Unternehmen diesen preiswerten Arbeitssektor. Das ganze Tarifsystem ist bereits durch diese „geringfügig Beschäftigten“ unterwandert.

Und jetzt soll offenbar eine neue Lawine losgetreten werden. Staatlich subventionierte Ganztagsjobs – das ist genau das, was unserem Land zu seinem Glück noch fehlt! Denn auch dieses System wird eine gewaltige Umwälzung auslösen. Normale Beschäftigungsverhältnisse geraten durch die geplanten Zuschusstarife weiter unter Druck. Unternehmen, die diese Chancen nicht nutzen, haben das Nachsehen. Wie will man einfache Arbeiten deklarieren, wo sollen die Grenzen gezogen werden?

Jeder will die Zuschüsse!

Einflussreiche Zeitungen und Zeitschriften sind sich nicht zu schade, die Bezuschussung der Löhne geradezu als Geniestreich zu feiern, so als ob damit fast alle Probleme gelöst wären. Ihre enthusiastischen Lobgesänge haben leider einen kleinen Schönheitsfehler – sie verschweigen die gravierenden Nachteile.

Die Medien beklagen die ihrer Meinung nach halbherzigen, gescheiterten Pilotversuche und fordern massivere Unterstützungen. Doch je attraktiver das Angebot, desto mehr Unternehmer werden versuchen, die neue Geldquelle anzuzapfen. Tag für Tag würden normale Arbeitsverhältnisse subventionstauglich gemacht. Ist der Bruttolohn zu hoch, wird er eben abgebaut. Zum Beispiel durch eine Verkürzung der Arbeitszeit, längeren Urlaubsanspruch usw. (die Arbeitnehmer hätten wegen der staatlichen Zuschüsse kaum finanzielle Nachteile). Vielfältig sind die Möglichkeiten der versteckten Zuwendungen (Jahresbonus, Firmenwagen, günstige Firmenwohnung, günstige Hypothekenkredite, kostenlose Kantine, großzügige Fortbildungsmaßnahmen usw.). Es gibt dutzende Varianten, zu hohe und dadurch nicht zuschussfähige Löhne zu drücken und die Senkungen durch besondere Leistungen wieder auszugleichen. Wie soll der Gesetzgeber dies in den Griff bekommen?

Der hohe Preis

Man darf gar nicht darüber nachdenken, was die vielen Subventionen und Lohnbeihilfen dem Staat heute schon kosten. Würde man den ganzen Bereich auf ein vernünftiges Maß zusammenstreichen (nur in wenigen Branchen sind Subventionen angebracht), könnten die Lohn(neben)kosten auf breiter Front sinken. Damit hätten dann auch die weniger Qualifizierten wieder bessere Chancen. Im Endeffekt führen schließlich alle Lohn-Sonderregelungen zur Verteuerung der (immer rarer werdenden) regulären Arbeitsplätze.

Das abgenutzte Argument, in unserem hochtechnisierten Land seien die einfachen Arbeiten knapp geworden, vernebelt die Tatsachen. Erst die einseitige Finanzierung des Sozialstaates über den Lohn machte viele Tätigkeiten so teuer, dass sie entweder ins Ausland verlagert oder wegrationalisiert wurden. Die hohen Subventionen für arbeitverdrängende Automatisierungen verstärkten das Problem ebenso wie das inländische Lohndumping. Auch soziale Gesichtspunkte (Kinderarmut) und die große Zahl schlecht ausgebildeter Ausländer und Aussiedler (jährlich strömen nach Deutschland etwa eine halbe Million Zuwanderer) führen zu einem unnatürlichen Überangebot an Hilfskräften.

Zerstörung von Existenzen

Lohnzuschüsse vernichten nicht nur reguläre Arbeitsplätze, sie zerstören auch unternehmerische Existenzen. Der normale Markt und Wettbewerb wird ausgeschaltet. Welcher tariftreue Betrieb hat langfristig Chancen gegen Mitbewerber, die die zahlreichen Lohndumpingmethoden nutzen?

Die bereits grassierende Subventionitis bei Investitionen ist schlimm genug, sie muss nun wirklich nicht auf den Arbeitsbereich ausgedehnt werden. Welche mittelständische alteingesessene Firma kann gegen hoch subventionierte Konkurrenten oder Existenzgründer auf Dauer bestehen? Eine als erfolgreich gefeierte High-Tech-Firma kassierte in wenigen Jahren Staatsgelder in Milliardenhöhe, um ein Dutzend Firmen zusammenzuraffen – was hat das alles noch mit fairem Wettbewerb und freier Marktwirtschaft zu tun?

Fazit

Die 1997 leider gescheiterte Steuerreform folgte der Erkenntnis, dass die vielen in Jahrzehnten gewachsenen Ausnahme- und Abschreibungsregeln nicht die Gerechtigkeit fördern, sondern insgesamt gesehen genau das Gegenteil bewirken. Im Arbeitsmarktbereich und bei den Investitionshilfen hat sich diese Einsicht noch nicht durchgesetzt. Aber auch hier gilt, dass die Förderung der einen gleichzeitig die Benachteiligung der anderen bedeutet. Wenn letztlich der Staat über Aufstieg und Fall von Firmen entscheidet, kann von einer freien Marktwirtschaft nicht mehr die Rede sein.

> Doch je attraktiver das Angebot, desto mehr Unternehmer werden versuchen, die neue Geldquelle anzuzapfen. Tag für Tag würden normale Arbeitsverhältnisse subventionstauglich gemacht.

„Wir brauchen unbedingt weitere Einwanderer ...“

Ständig lesen und hören wir, dass „Deutschland unbedingt Zuwanderer aus dem Osten braucht“ und anscheinend ist es nicht einmal mehr erlaubt, diese These zu hinterfragen. Die Medien unterstützen im Allgemeinen den Ruf nach mehr Ausländern mit dem Argument, dass schon heute in Deutschland viele Arbeitsstellen nicht zu besetzen seien. Besonders im Bereich der einfachen oder unangenehmen Tätigkeiten wird ein dringender Bedarf angemahnt.

Eine angemessene Bezahlung ist alles!

Würden unbeliebte Jobs angemessen honoriert, gäbe es auch genügend deutsche Bewerber. Es ist doch gerade das Prinzip der Marktwirtschaft, dass sich (fast) alles über den Preis regeln lässt. Will man dieses System wieder einmal künstlich aushebeln, indem zusätzliche Billiglöhner eingeschleust werden? Wenn Müllwerker, Spargelstecher oder was auch immer für einen Stundenlohn von 7,-, 8,- oder 10,- Euro nicht zu bekommen sind, dann muss das Angebot eben verbessert werden. Wer sagt denn, dass solche Arbeiten schlecht bezahlt werden müssen — es sind doch nicht die Gesetze der Marktwirtschaft, die dies verlangen.

Weil auf diesem Punkt immer wieder gerne herumgeritten wird, möchte ich hier noch etwas weiter ausholen. Was wäre, wenn die erwähnten Müllwerker und die Spargelstecher erst bei 15 Euro Stundenlohn in ausreichender Anzahl zur Verfügung stünden? Die Müllabfuhr würde teurer mit der Folge, dass Müllvermeidung und Umweltschutz einen höheren Stellenwert bekämen. Der Spargel würde natürlich auch teurer mit der Konsequenz, dass der Verbrauch zurückginge oder aber mehr Auslandsware importiert würde. Eine Verschiebung bei der Beliebtheit der Gemüsearten ist aber marktwirtschaftlich und gesundheitlich unerheblich (es ist nicht Aufgabe des Staates, eine bestimmte Gemüsesorte durch Subventionen oder ausländische Tagelöhner zu bevorzugen). Und was die drohenden höheren Spargelimporte betrifft — in diesem Buch geht es gerade um die Irrungen des freien Welthandels. In späteren Kapiteln werden Sie erfahren, wie man diese

Tretminen der Marktwirtschaft entschärft (zum Beispiel durch Aufhebung der Subventionen im Transportwesen und durch die zollähnlichen Auswirkungen einer Lohnkostenreform).

„Wir brauchen ausländische Spezialisten ...“

Auch hier gilt: Die Bezahlung regelt alles. Wenn es dann tatsächlich in einem Bereich mal einen Engpass gibt (wie im IT-Bereich 1999), werden durch steigende Löhne und verbesserte Zukunftsperspektiven diese Probleme durch die Marktwirtschaft selbst ausgebügelt. Der Mangel an IT-Fachkräften war die Folge einer forcierten Aktien- und Internethysterie. Dass in dieser Ausnahmesituation auf Ausländer zurückgegriffen wird, kann man nachvollziehen. Notwendig aber war diese Anwerbung nicht. Unserer Wirschaft hätte es nicht geschadet, wenn einige Firmen ihren Internetauftritt um ein paar Monate hätten verschieben müssen.

Sanierung der Rentenkassen?

Die letzten Zweifler bei der Zuwanderungsdebatte versucht man mit dem Rentenargument zu überzeugen. Ohne zusätzliche Ausländer, so die Prophezeiung, bricht unser System der Altersvorsorge völlig zusammen.

Glaubt man wirklich, Ausländer wären dazu da, später einmal die Renten der Deutschen zu erwirtschaften? Vielen Ausländern ist unsere Kultur fremd, sie kommen aus rein wirtschaftlichen Gründen und wollen sich möglichst wenig in unsere Gesellschaft einfügen. Wie viele Ausländer werden bleiben, wenn Deutschland weiter auf der Wohlstandsleiter absackt, während anderswo die Bedingungen sich verbessern?

Vor allem aber: Unsere Rentenkassen brauchen keine Sanierung, wenn Sie vernünftig, das heißt nicht lohnkostensteigernd, finanziert werden. Bei allen Modellrechnungen wird auch die steigende Produktivität als wesentlicher Faktor ignoriert. Wegen der sich immer weiter automatisierenden Produktion könnte eines Tages ein Arbeitnehmer sicherlich 5 Rentner ernähren, wenn es denn sein müsste (so weit wird es ja nie kommen). Selbst bei der ungünstigsten Modellrechnung kommen im Jahr 2050 auf einen Rentner immer noch 1,8 Erwerbstätige.

„Die Deutschen sterben aus ...“

Wieder einmal sind sich alle einig: Die Deutschen sterben

aus und schon deshalb brauchen wir weitere Einwanderer. Doch was wäre so furchtbar daran, wenn die kühnen Prognosen sich bewahrheiten und tatsächlich die Bevölkerungszahlen bis zum Jahr 2030 auf 70 oder gar 60 Millionen zurückgehen würden? Deutschland würde auch dann noch zu den Ländern mit der größten Bevölkerungsdichte zählen. Würde man diesen Einwohnerschwund durch Zuwanderer ausgleichen, wären die Deutschen in nicht allzuferner Zukunft im eigenen Land in der Minderheit. Löst das die Probleme? Dieser Prozess würde sich schneller vollziehen als erwartet, da die Geburtenrate der Deutschen niedriger ist als bei Ausländern und durch eine Überfremdung weiter absinken könnte. Viele Deutsche fühlen sich in einer Multikulti-Gesellschaft nicht wohl und kehren dem Land bereits heute den Rücken. Will man diesen Trend noch forcieren?

„Die Wirtschaft würde zusammenbrechen..."

Mit Panik wird wieder einmal Politik gemacht. Dass die wachstumsorientierte Wirtschaft einen Rückgang der Konsumenten bejammern würde, ist verständlich. Dass auch die Presse in ihrer permanenten Angst vor sinkenden Auflagenzahlen in das gleiche Horn bläst, kommt ebenfalls nicht unerwartet. Aber warum sollte die Wirtschaft mit einer Abnahme der Bevölkerung nicht fertig werden? Überkapazitäten abzubauen gehört in einer sich stetig wandelnden Marktwirtschaft zum Alltag. Außerdem könnte ein steigender Wohlstand in vielen Fällen für eine höhere Nachfrage sorgen.

„Arbeitsplätze würden abgebaut..."

Das bei sinkenden Bevölkerungszahlen ein geringerer Bedarf an Arbeitnehmern besteht und auch die Beschäftigungszahlen zurückgehen, wird nicht bestritten. Aber was soll diese Panikmache, schließlich ist das Arbeitskräfteangebot dann auch entsprechend niedriger.

„Die Immobilienpreise würden fallen..."

Wie unseriös selbst gelehrte Köpfe ihre Anliegen vertreten, zeigt auch das Argument der fallenden Immobilienpreise bei sinkenden Bevölkerungszahlen. Mit diesem Trick wird an die egoistischen Interessen der Hauseigentümer appelliert, um sie als Lobbyisten für höhere Zuwanderungsquoten zu gewinnen.

Verschwiegen wird, dass die seit langem stagnierenden Immobilienpreise die Folge staatlicher Subventionen und künstlich erzeugter Niedrigzinsen sind. Wenn durch die Förderung des Eigenheimbaus viele Familien für ihr neues Haus an Zinsen und Abtrag weniger zahlen als zuvor für ihre Miete, darf man sich über das Überangebot und sinkende Preise nicht wundern. Bei sinkenden Bevölkerungszahlen wäre eine Stabilisierung der Immobilienpreise allein schon durch eine Einschränkung der Bauförderung erreichbar. Des weiteren muss berücksichtigt werden, dass auch Häuser nur eine begrenzte Lebensdauer haben (der heutige Bestand ist nicht auf das Jahr 2050 reproduzierbar).

„Das Land würde ausbluten ...“

Die Parolen vom „leeren Land“ erinnern mich an die Nazipropaganda, an das „Volk ohne Raum“. Der gleiche Schwachsinn wird einem schon wieder aufgetischt, nur eben mit umgekehrtem Vorzeichen.

Auch wenn Wohnungen leer stehen, manche Schulen überflüssig werden, wo bitte sehr ist das Problem? Über Jahrzehnte wurden Wälder abgeholzt und grüne Wiesen bebaut und zugepflastert – wenn es jetzt einmal umgekehrt ablaufen sollte, ist das noch lange kein Grund zur Verzweiflung. Würde die Lebensqualität sinken, wenn unser Land und unsere Straßen weniger überfüllt wären? Gerade eine gesunde Umwelt, mehr Lebensfreude, weniger Stress und bessere Zukunftsperspektiven lassen automatisch den Wunsch nach Kindern wieder aufleben – insofern reguliert sich auch die Natur von selbst.

> Die Parolen vom „leeren Land“ erinnern mich an die Nazipropaganda, an das „Volk ohne Raum“. Der gleiche Schwachsinn wird einem schon wieder aufgetischt, nur eben mit umgekehrtem Vorzeichen.

„Die Arbeitszeit muss verkürzt werden ...“

Die großen Diskussionen über Arbeitszeitverkürzungen gehören zwar der Vergangenheit an, trotzdem kommt auch heute noch dieser Vorschlag als Maßnahme zur Bekämpfung der Arbeitslosigkeit immer wieder auf den Tisch. Dabei gibt es zu diesem Thema hinreichende Erfahrungswerte: Ende der 1980er Jahre wurde in manchen Branchen die Wochenarbeitszeit von 40 auf 35 Stunden heruntergefahren, ohne dass sich auf dem Arbeitsmarkt positive Veränderungen ergaben.

Die Globalisierung erlaubt keine Umverteilung!

Der damalige Misserfolg stand im engen Zusammenhang mit der Globalisierung. Arbeitszeitverkürzungen bei vollem Lohnausgleich erhöhen die Produktionskosten, die wiederum die Wettbewerbsfähigkeit gegenüber dem Ausland beeinträchtigen. Zwar gelingt in bestimmten Bereichen eine Umverteilung der Arbeit, andererseits gehen aber durch Produktionsverlagerungen ins Ausland Arbeitsplätze verloren. Der Druck auf dem Arbeitsmarkt zwingt in den Folgejahren zur Lohnzurückhaltung, letztlich müssen die Arbeitnehmer also doch für die Arbeitszeitverkürzung finanziell geradestehen. Ohne funktionierende Zollgrenzen machen Arbeitzeitverkürzungen also keinen Sinn, sie führen lediglich zu einer Senkung des allgemeinen Lebensstandards.

„Arbeit wird nun einmal knapp ...“

Auch die Annahme, durch die Automation würde Arbeit immer knapper und schon deshalb sei eine Arbeitszeitverkürzung gerechtfertigt, entspricht nicht den Tatsachen. Solange die breite Bevölkerung nicht im Luxus schwelgt, gibt es Arbeit in Hülle und Fülle! Otto-Normalbürger hat einen ganzen Katalog von Wünschen, den es zu befrieden gilt. Ein vergleichbar großes Reservoir an Arbeit würde freigesetzt, wenn auch die unteren Bevölkerungsschichten sich zunehmend Qualitätsprodukte leisten könnten. Dies hätte insgesamt betrachtet auch umweltschonende Aspekte. Aufwendiger gebaute Motoren sind genügsamer, besser isolierte Wohnungen sparen Energie und höherwertige Konsumartikel sind langlebiger.

„Unsere Wirtschaft muss modernisiert werden ..."

Gesundung der Wirtschaft durch Modernisierung?

Sind die deutschen Industrieanlagen veraltet, müssen die staatlichen Subventionen für Investitionen erhöht werden, um unsere Wirtschaft wieder auf Vordermann zu bringen? Wer derlei Zusammenhänge konstruiert, macht sich meines Erachtens lächerlich. Denn das Gegenteil ist der Fall. Unsere extrem hohen Lohnkosten in Verbindung mit staatlichen Investitionsbeihilfen und freundlichen Abschreibungsgesetzen führten bereits zu einem überzogenen Investitionsklima. Unsere Wirtschaft halte ich für übermodernisiert — volkswirtschaftlich rechnet sich vieles schon lange nicht mehr. Maschinen und Industrieanlagen werden oft gar nicht mehr richtig ausgenutzt und vorzeitig ausgemustert, nur um ein paar Arbeitskräfte einzusparen.

„Wir brauchen neue Technologien!"

Bestimmte Medien und auch einige Politiker werden nicht müde, den Rückgang der deutschen Patentanmeldungen zu bejammern. So nach dem Motto, wenn Unternehmer und Wissenschaftler sich hier nur ein bisschen mehr anstrengen würden, wäre die Zukunft Deutschlands gesichert. Es ist schon erstaunlich, dass selbst „aufgeklärte Europäer" diese Überheblichkeit nicht ablegen können. Fakt ist, dass in Deutschland die Stundenlöhne für Ingenieure am höchsten sind, die Forschung hier also besonders teuer kommt.

Wer also ernsthaft daran interessiert ist, dass Deutschland in bestimmten Zukunftstechniken wieder eine Führungsrolle übernimmt, muss die Voraussetzungen verbessern — also die Lohnkosten für dic Wissenschaftler senken. Damit sind natürlich keine Einkommensverluste für die Mitarbeiter gemeint, sondern ein Abbau der Lohnnebenkosten. Wie das alles funktioniert, wird unter der Überschrift „Lohnkostenreform" im Kapitel III ausführlich erklärt. Würden sich die Entwicklungskosten hierzulande merklich verbilligen, würde Deutschland fast automatisch zum Mekka der Forschung und könnte dann tatsächlich wieder Vorreiter sein für zukunftsweisende Produkte und Technologien.

Mit Steuern die Wirtschaft lenken?

Helfen die traditionellen Steuerreformen?

Die moderne Politik funktioniert eigentlich immer nach dem selben Muster: Die Parteien versprechen vor den Wahlen großartige Steuerentlastungen im privaten Bereich, mit denen sie den Konsum und die Wirtschaft ankurbeln wollen. Bei den scheinbar großzügigen Steuergeschenken handelt es sich aber eigentlich immer nur um die Korrektur eines fiskalischen Konstruktionsfehlers. Weil durch die schleichende Inflation im Laufe der Jahre die Einkommen in höhere Progressionstarife rutschen, muss in gewissen Zeitabständen eine Neujustierung erfolgen. Diese Anpassung wird dem Wähler dann als spendables Entgegenkommen verkauft. Eine echte wirtschaftliche Förderung ist damit aber selten verbunden.

„Die Ökosteuer senkt die Lohnkosten..."

Dass die Lohnnebenkosten gesenkt werden müssen, wird mittlerweile von Politikern und Experten eingesehen. Wer jedoch meint, eine Gegenfinanzierung könnte über höhere Ökosteuern erfolgen, kann sich wohl doch nicht so recht in die Materie hineindenken. Die hierzu vorgetragenen Argumente sind unlogisch. Eine Ökosteuer hat nun einmal keine positiven Auswirkungen auf den Arbeitsmarkt! Die gute Absicht allein kann die Gesetze der Marktwirtschaft nicht aushebeln.

Eine Ökosteuer eignet sich nicht zur Umfinanzierung der Sozialversicherungen, weil der gewünschte Effekt wegen der höheren Ausgaben für die Energie nicht eintritt. Der Arbeitnehmer braucht zur Kompensation seiner Ökobelastungen einen höheren Lohn (= Inflationsausgleich), der die Einsparungen bei den Lohnnebenkosten wieder aufzehrt.

Aber von diesem Widerspruch einmal abgesehen: Allein vom Volumen her bieten Ökosteuern keine großen Perspektiven. Ihr Beitrag zur Sozialversicherung ist geradezu lächerlich, weil man sich nicht völlig von den Energiekosten anderer Staaten abkoppeln kann. Wen will man damit beeindrucken?

Höhere Vermögens- und Erbschaftssteuern?

Auch hier ist nicht viel Luft drin, weil man sich von den

Steuersätzen anderer Staaten nur schwerlich entfernen kann. Ansonsten würde das Kapital ins Ausland flüchten – und damit unserer Volkswirtschaft beträchtlich schaden. Auch ist eine hohe Vermögens- oder Erbschaftssteuer leistungshemmend. Wer Geld und Vermögen verprasst, würde belohnt – die Tugenden Fleiß, Strebsamkeit und Sparsamkeit aber bestraft. Eine derartige Umkehr moralischer Werte dient nicht unbedingt dem Wohle der Allgemeinheit. Davon abgesehen könnte eine hohe Erbschaftssteuer durch vorzeitige Schenkungen umgangen werden.

Wie wär's mit einer Maschinensteuer?

International ist sie nicht durchführbar – und nur auf deutsche Industrieanlagen beschränkt würde sie eine Katastrophe einleiten. Die in Kapitel III vorgestellte Lohnkostenreform wirkt ähnlich wie eine internationale Maschinensteuer – zwingt also das Kapital, Staats- und Sozialkosten zu finanzieren. Mit einer solchen Reform ließen sich tatsächlich fast alle unsere Probleme lösen. Sie wäre der absolute Königsweg (wobei von amtlicher Seite vehement bestritten wird, dass es so etwas wie ein Patentrezept überhaupt geben kann).

Brauchen wir eine Wertschöpfungsabgabe?

Ähnlich wie mit der Maschinensteuer verhält es sich mit der Wertschöpfungsabgabe. Der Ansatz ist zwar richtig, doch scheint mir die Idee wenig praxistauglich. Die Abrechnung ist umständlich und investitionsfeindlich, der Standort Deutschland geriete weiter in Verruf. Das Schlimmste aber: Die Wertschöpfungsabgabe lässt wiederum die Importe unbehelligt, geht auf das eigentliche Problem also gar nicht ein.

Bekämpfung der Steuerkriminalität

Wenn einem nichts mehr einfällt, wird allzugern wieder die Klamotte „Steuerkriminalität" aus dem Hut gezogen. Die Bekämpfung dieses Verbrechens ist moralisch unanfechtbar – und bringt angeblich jährlich 70 Milliarden Euro Mehreinnahmen. Theoretisch! Der Aufwand, Steuersünder zu ermitteln, ist beträchtlich und könnte schon bald höher sein als die erzielbaren Einnahmen. Wer bei dem heutigen Steuerrecht meint, den Betrug unterbinden zu können, ist wohl doch etwas zu blauäugig. Selbst wenn die totale Kontrolle eingeführt würde, – durch die Kompliziertheit des Systems finden gewiefte Experten immer neue Schlupflöcher.

Aber selbst einmal angenommen, Steuerbetrug wäre absolut unmöglich – die Einnahmen für den Staat würden auch dann in dem erhofften Umfang nicht fließen. Ich möchte das an einem Beispiel verdeutlichen.

Hinter vorgehaltener Hand spricht man davon, dass in der Gastronomie steuerehrliche Unternehmer spätestens nach einem Jahr pleite sind. Würde dort alles ordnungsgemäß verbucht, müssten die Preise für Speisen und Getränke in der Regel um ca. 50 % angehoben werden. Das käme aber den meisten Gästen zu teuer. Viele Restaurants müssten schließen, der Branchenumsatz würde einbrechen. Der Verbraucher würde das eingesparte Geld zum großen Teil für den Kauf von Importwaren ausgeben. Dieser Wandel wäre für den Staat ein schlechtes Geschäft – sowohl finanziell als auch beschäftigungspolitisch.

Die Bekämpfung der Steuerkriminalität ist wichtig vor dem Hintergrund eines gerechten Wettbewerbes – reich rechnen sollte man sich daran lieber nicht.

> Bei den scheinbar großzügigen Steuergeschenken handelt es sich aber eigentlich immer nur um die Korrektur eines fiskalischen Konstruktionsfehlers.

„Subventionen müssen gekürzt werden ...“

Man mag es kaum noch hören. Immer wieder wird das Schlagwort „Subventionsabbau“ in den Ring geworfen. Dabei haben sich schon seit Jahrzehnten Politiker an diesem Problem die Zähne ausgebissen. Meistens endeten Einsparungsbemühungen mit dem Auflegen neuer „Förderprogramme“ – die böse Subvention wurde verbal verteufelt, dagegen Förderungen als Wohltaten und politische Erfolge gefeiert.

Derlei Wortspielereien dienen kaum der Problemlösung. Nüchtern betrachtet muss man unterscheiden zwischen den Subventionen, die den Erhalt bestimmter Branchen sichern und solchen, die lediglich Verzerrungen in der Marktwirtschaft hervorrufen.

Der unfaire Weltmarkt zwingt zu Subventionen!

Ein genereller Subventionsabbau würde die deutsche Wettbewerbsfähigkeit gefährden (Stahl- und Werftindustrie, Bergbau, Landwirtschaft). Eben weil andere Länder diese Bereiche ebenfalls stark bezuschussen bzw. die Produktionsverhältnisse anderswo günstiger sind. Wie würde unser Land aussehen, wenn sich z. B. die Landwirtschaft nicht mehr rechnen würde? Wieviele Fachkräfte aus den bedrohten Industriebereichen würden anderswo eine Arbeit finden? Die Kosten für neue Arbeitslose dürften höher sein als die bisher gezahlten Subventionen.

Erst die Schaffung eines intakten Binnenmarktes (mehr darüber später) würde viele Subventionen erübrigen – weil Importe dann unseren Sozial- und Ökostaat mitfinanzieren müssten, also nicht mehr einseitig bevorzugt würden.

Was aber die Förderprogramme betrifft, die lediglich zu Wettbewerbsverzerrungen innerhalb unseres Landes führen, da kann und sollte schon heute gehandelt werden. Einige Beispiele hierfür habe ich in diesem Buch aufgeführt. Umsetzen müssen diese Vorschläge die Politiker. Man wird sehen, wie ehrlich sie an das Thema Subventionsabbau herangehen, ob nicht doch wieder Lobbyisteninteressen und medienwirksamer Aktionismus („wir tun was“) mehr zählen als eine faire Chancengleichheit in der Marktwirtschaft.

„Von anderen Staaten lernen…“

Die Schwäche, eigene Probleme zu analysieren, wird erkennbar durch den ewigen Drang, von anderen Ländern deren Erfolgsrezepte abzukupfern. Dänemark, die Niederlande, Großbritannien und sogar Frankreich werden zu Vorbildern erkoren und deren Aktivitäten am Arbeitsmarkt zur Nachahmung empfohlen. Ich halte solche Vergleiche für weitgehend töricht, weil sie zu grobschlächtig sind und sie die völlig unterschiedlichen Bedingungen nicht berücksichtigen.

In Dänemark z. B. herrschen in mindestens 100 Punkten andere Gesetze und Verhältnisse. Da kann man sich nicht einfach einen Punkt herauspicken und behaupten, „das ist es, so müssen wir es machen!“. Um die Wirksamkeit einer einzelnen Maßnahme seriös zu beurteilen, müssten zunächst alle übrigen Abweichungen mit dem Musterland egalisiert werden. Ein solcher Laborversuch ist aber unmöglich, weil sich bestimmte Dinge nun einmal nicht angleichen lassen.

Die Dänen etwa sind schon geografisch in einer anderen Situation (es gibt dort keine angrenzenden Billiglohnländer), jedes Volk hat zudem seine eigene Kultur und Mentalität – und all das beeinflusst nun einmal eine Volkswirtschaft.

Großbritannien wiederum hat nicht nur einen großen Vorteil durch das Nordseeöl und durch die Insellage (Einfuhren können besser kontrolliert werden) – allein schon die Tatsache, das Englisch eine Weltsprache ist, hat weitreichende Auswirkungen. Englische Führungskräfte, Ingenieure, Banker, Wissenschaftler usw. müssen nicht unbedingt eine Zweit- und Drittsprache pauken und sind trotzdem ihrer ausländischen Konkurrenz sprachlich überlegen. Die Engländer haben es einfacher im Umgang mit moderner Technologie – alle Bedienungsanleitungen sind in ihrer Muttersprache abgefasst, jede Computersoftware ist leicht verständlich.

All diese Faktoren finden bei den gepriesenen Vorbildern keinerlei Beachtung und führen deshalb zu voreiligen Schlussfolgerungen. Wer sinnvolle Vergleiche anstellen will, der muss schon ungewöhnlich kompetent sein. Wer aber wirklich etwas drauf hat, der braucht auch nicht abzugucken.

Internationale Regeln für den Welthandel?

Der wohl geschickteste Schachzug der Globalisierer ist die Forderung nach internationalen Regeln für den Welthandel. Mit dieser Strategie versucht man den Globalisierungskritikern nicht nur der Wind aus den Segeln zu nehmen, sondern auch ihre Bewegung zu spalten.

Der Ruf nach globalen Handelsgesetzen signalisiert Einsicht und Entgegenkommen, ist aber tatsächlich wohl eher ein raffiniertes Ablenkungsmanöver. Denn wirksame Regelungen sind auf Dauer nicht zu erwarten, dafür sind die Verhältnisse und die Interessenlagen der Staaten zu unterschiedlich. Bleibt also nur die Vermutung, dass mit der Forderung nach Handelsregeln die aufgebrachte Bevölkerung beruhigt und wertvolle Zeit gewonnen werden soll.

Kleine Verordnungen nützen wenig!

Die Perversion des globalen Dumpingsystems kann nicht durch ein paar lieb gemeinte Korrektürchen beseitigt werden. Es ist nicht damit getan, einige protektionistische Tricks zu verbieten. Es genügt auch nicht, im Ökologie- und Sozialbereich bescheidene Mindestnormen aufzustellen. Die in diese Richtung gehenden Maßnahmen wären zwar nicht sinnlos, sie bringen aber nur geringe Verbesserungen, weil die hohen deutschen Standards auch in Jahrzehnten noch nicht zur Debatte stehen werden. Außerdem: Wer garantiert die Einhaltung der neuen Regeln, wenn nicht einmal die USA sich an internationale Abkommen gebunden fühlen? Und wie will man einige Millionen Betriebe in China oder Indien kontrollieren?

Knackpunkt ist das Lohnniveau

Ohne Angleichung des weltweiten Lohnniveaus kann das globale Dumpingsystem nicht wirklich entschärft werden. Und einmal ganz ehrlich: Sind hier echte Fortschritte möglich? Die Chinesen arbeiten für -,30 Euro die Stunde, in Deutschland betragen die Lohnkosten dagegen etwa 25,- Euro. Selbst wenn die Chinesen eines fernen Tages nachgeben und ihre Löhne verdoppeln oder verdreifachen — was würde sich dadurch groß ändern, die Lohnunterschiede wären dann immer noch riesig.

„Wir brauchen eine Tobin-Tax, globale Konzernsteuern usw. “

Der Gedanke kursiert seit 30 Jahren in den Medien: Warum nicht den zunehmenden Kapitalhandel mit einer kleinen Umsatzsteuer belegen (0,25 %), um den wahnwitzigen spekulativen Geldkreislauf zu bändigen und gleichzeitig eine sichere Einnahmequelle für Entwicklungshilfen zu schaffen? Dass man allerdings schon 30 Jahre über diese Idee redet, zeigt auch die Schwachstelle des Unterfangens: Nur wenn alle Staaten dieser Erde mitziehen, kann die sogenannte Tobias-Tax greifen — leider ist diese Einigkeit reinste Utopie.

Aber selbst einmal angenommen, man würde eine Einigung hinbekommen — die Devisenhändler würden neue Wege finden, die Tobias-Tax zu umgehen. Und noch einen Schritt weiter, rein theoretisch: Sollte es einmal gelingen, auch die Tricksereien zu unterbinden, wären die erhofften Einnahmen weit geringer als erwartet, weil dann der Devisenhandel dramatisch eingeschränkt würde.

Besteuerung von Konzerninvestitionen im Ausland

Auch das hört sich ganz gut an — Auslandsinvestitionen eines heimischen Konzerns mit einer Sondersteuer zu bestrafen, könnte doch vielleicht die Auslagerungs- und Expansionslust stoppen und Arbeitsplätze im eigenen Land sicherer machen. Aber auch hier stellt sich wieder das alte Problem, wie eine einheitliche Regelung mit konkurrierenden Staaten jemals möglich sein sollte. Und es stellt sich noch eine andere Frage. Wie kann verhindert werden, dass sich Konzerne die Sondersteuer über Subventionen oder Steuererlasse vom neuen Standort nicht wieder vergüten lassen?

Konzern-Mindeststeuer

Auch die Idee einer Mindeststeuer auf Konzerngewinne klingt zwar charmant, erweist sich bei näherer Betrachtung aber doch als weltfremd. Einzelne oder mehrere Staaten können die Mindeststeuer nicht im Alleingang einführen (die Konzerne würden dieses Vorgehen mit der Verlegung des Firmensitzes beantworten) und eine totale Einigung gehört ins Reich der Phantasie. Aber träumen wir ruhig einmal, irgendeine gute

Fee würde das Wunder vollbringen. Die meisten Konzerne könnten die zusätzlichen Steuerlasten auf die Verbraucher abwälzen. Weil die globale Gewinnsteuer die Konkurrenz gleichermaßen trifft, würden auf breiter Basis die Verbraucherpreise angehoben. Lediglich in einigen Ausnahmebranchen (etwa in der Gastronomie) können die neuen Steuern nicht ohne weiteres an die Kunden weitergegeben werden (weil die mittelständische Konkurrenz für Preisdisziplin sorgt). McDonald's zum Beispiel könnte seine Preise erst erhöhen, wenn auch die Mitbewerber, die zigtausend Restaurants und Imbissbuden, dies für nötig halten.

Wie produziert man Gold?

Die utopischen Forderungen, die eine weltweite Einigung voraussetzen, erinnern mich an die verzweifelten Versuche im Mittelalter, auf chemischen Wege Gold herzustellen. Man kann von diesen wundersamen globalen Steuern im Stillen träumen, man kann darüber diskutieren und man darf sie sogar einfordern — aber niemals sollte man sich davon zuviel erhoffen und deswegen andere Maßnahmen vernachlässigen.

Was bringen globale Steuern?

Auch aus einem anderen Grund bin ich gegenüber einer globalen Steuer recht skeptisch. Wenn ich nur an die Effizienz der UNO oder EU denke, hege ich gewisse Zweifel, dass die Verwaltung der Gelder durch eine große Zahl von Ländervertretern besser sein soll, als wenn ein einzelner Staat die Verantwortung trägt.

Mir wäre es zum Beispiel sympathischer, Deutschland würde für ein oder zwei Entwicklungsländer ernsthafte Patenschaften übernehmen, als dass unsere Gelder in einen großen Topf fließen, wo die Abgesandten aus 180 Ländern darüber verfügen und über deren Verwendung streiten.

Kapitel III

Heraus aus der Sackgasse!

Zurück zum fairen Wettbewerb!

Reformen, die nicht nur inländische Verschiebungen auslösen, sondern auf die Konkurrenzsituation des Weltmarktes eingehen.

Sodom und Gomorrha

Was seit Jahren auf dem Weltmarkt abläuft, ist die übelste Schmierenkomödie, die man sich vorstellen kann. Da dürfen die einen treten, schlagen, schummeln und bestechen – während die anderen absolut fair kämpfen sollen.

Denn die meisten Staaten tricksen lieber, als sich einem gerechten Wettbewerb zu stellen. Interessiert ist man allenthalben an den Vorzügen des freien Welthandels (der Förderung des eigenen Exports), während die Nachteile (Verdrängung der einheimischen Wirtschaft durch Billigimporte) kaum Akzeptanz finden. Die Ehrlichen und Naiven sind bei diesem weltweiten Schummelwettbewerb die Dummen.

Einige dieser Tricks möchte ich zur Veranschaulichung der Lage hier vorstellen – um ein Verständnis zu wecken für die Notwendigkeit der anschließend beschriebenen Gegenmaßnahmen.

Der Währungsdumping-Trick
(entspricht einem Zoll bis 1000 % – wirkt also genau so abschottend wie ein Zoll in dieser Höhe)

Die Lebenshaltungskosten liegen in vielen mit uns konkurrierenden Ländern auf einem wesentlich niedrigeren Niveau. In China z. B. sind Wohnungen, Lebensmittel usw. um ca. 90 % billiger als hier. Gegenüber den osteuropäischen Staaten sind die Unterschiede nicht ganz so krass, aber auch dort ist die Lebenshaltung um ein Vielfaches günstiger.

Im Grunde sind die falschen Währungsparitäten nichts anderes als eine indirekte Zollschranke zur Abschottung der einheimischen Wirtschaft! Natürlich pochen diese Staaten scheinheilig auf den (zoll)freien Welthandel, weil sie ja wegen ihres Währungstricks Billigimporte kaum fürchten müssen.

Der Steuertrick (Zollwirkung bis 100 %)

Wenn der Währungstrick nicht angewendet werden kann – mit gezielten Steuergesetzen kann ein ähnlicher Schutz erzielt werden. Dänemarks Beschäftigungswunder etwa, immer wieder als Vorbild gepriesen, lässt sich kaum mit den dortigen Arbeitsprogrammen erklären. Dänemarks „Luxussteuer“, die vornehmlich Importwaren betrifft (bei Autos z. B. ca. 100 %) und die hohe dänische Mehrwertsteuer dürften die eigentlichen Ursachen für die Erfolge sein, aber diese wirklich bedeutenden Faktoren bleiben meist unerwähnt.

Andere Staaten wiederum sind in der Lage, auf inländische Unternehmenssteuern fast gänzlich zu verzichten (z. B. wegen großer Erdölvorkommen usw.), was einer gigantischen Subvention gleichkommt.

Der Ökodumping-Trick (Zollwirkung bis 40 %)

Lasche Ökogesetze ersparen hohe Investitionskosten und begünstigen natürlich die auflagenfreie ausländische Wirtschaft. Auch die extrem niedrigen Energiekosten (z. B. in den USA) bringen erhebliche Standortvorteile. Es ist der reine Hohn, dass gewissenlose Umweltsünder vom freien Weltmarkt faseln und den weiteren Abbau von ausgleichenden Zöllen propagieren.

Der Verwaltungstrick (Zollwirkung bis 30 %)

Deregulierung ist das moderne Zauberwort, und was Deutschland betrifft, so besteht tatsächlich Handlungsbedarf beim Abbau von einengenden Vorschriften und Verfügungen. Trotzdem sind die nahezu gesetzlosen Zustände, wie sie in vielen anderen Staaten herrschen, auch nicht erstrebenswert. Auf Kosten der Allgemeinheit, der Sicherheit der Mitarbeiter usw. entstehen marktverzerrende Standortvorteile, die es eigentlich auszugleichen gilt (durch Zölle oder Steuern). Sonst besteht die Gefahr, dass sich die schlimmen gesetzlosen Zustände niemals ändern und sich sogar weltweit durchsetzen.

Die Erdbebenkatastrophe 1999 in der Türkei zeigte wieder einmal deutlich, welche Folgen z. B. ungenügende Bauvorschriften und deren mangelhafte Kontrolle haben können.

Der Subventionstrick (Zollwirkung bis 30 %)

Der offene Weltmarkt ist der Goldesel der Großkonzerne. Nicht nur, dass die Arbeit durch den internationalen Verdrängungswettbewerb immer billiger wird, die Großkonzerne können die einzelnen Staaten auch noch bei der Subventionierung ihrer Investitionen gegeneinander ausspielen. Beispiel BMW: Gute Gewinne, hohe Dividenden für die Aktionäre, aber trotzdem „erpresste“ man noch 250 Millionen Euro zur Erhaltung des Rover-Werkes in England. Ausgesprochen unsensibel agieren die USA: Sie fördern ihre Exporte entgegen allen Regeln der WTO noch zusätzlich mit kräftigen Steuersubventionen. Den Träumern von einem fairen Welthandel sei dieses Vorgehen eine Mahnung – was nützen schöne Vorschriften und Abkommen, wenn sie von wichtigen Staaten ignoriert werden?

Der Sozialdumpingtrick (Zollwirkung bis 50 %)

Der zweifelhafte Erfolg der Globalismustheorie lässt sich am besten im Sozialbereich bewundern. Der weltweite Konkurrenzkampf zwingt zu ständigen Kürzungen und zum Abbau von Arbeitnehmerrechten. Staaten, die beim rigorosen Sozialdumping zögern, gelten als nicht reformfähig und haben das Nachsehen im weltweiten Verdrängungswettbewerb.

Auflagentricks (Zollwirkung unbegrenzt)

Dies war über Jahrzehnte Japans Erfolgsgeheimnis. Es gab viele Auflagen und Bestimmungen, die von der ausländischen Konkurrenz niemals nachvollzogen und eingehalten werden konnten. Nachdem Japan auf diesem Gebiet Zugeständnisse machen musste, ist es mit dem großen Wirtschaftswunder dort vorbei. Viele andere Länder arbeiten aber immer noch mit solchen Tricks, hinzu kommen Landessitten, Bestechungen, Korruption usw., die ebenfalls der Abschottung dienen.

Deutsche Handikaps

Während fast alle Staaten durch indirekte Schutzmaßnahmen die Wareneinfuhr deutlich erschweren, versucht Deutschland den umgekehrten Weg. Unser Industriestandort wird zusätzlich belastet z. B. durch gigantische Subventionen in die EU-Kassen, teure Asylgesetze, Entwicklungshilfen usw. Allein die Nutzung (und Beschädigung) des deutschen Straßennetzes durch ausländische Schwerlaster kostet jährlich ca. 15 Milliarden Euro (und einige hundert Unfalltote). Würde der ausländische Fernverkehr angemessen zur Kasse gebeten, würde so ganz nebenbei auch unsere Umwelt entlastet und sich die Situation auf unseren Straßen entspannen.

Sind Zollgrenzen passé?

Wie im vorhergehenden Artikel verdeutlicht, ist der freie Welthandel in Wahrheit eine große Mogelpackung. Über den rigiden Protektionismus der Konkurrenz wird von unserer Seite großzügig hinweggesehen und beharrlich an das Märchen von einer heilen Welt geglaubt. Wenn hier nicht bald eine vorurteilsfreie Diskussion einsetzt, wird Deutschland und später auch die EU politisch und wirtschaftlich immer weiter zurückfallen und von den scheinheiligen Staaten Schritt für Schritt ausgebootet. Unsere Nibelungentreue zum zollfreien Welthandel haben wir bereits teuer bezahlen müssen.

Den Außenhandel behutsam steuern!

Man muss nicht generell davon ausgehen, dass das, was sich über Jahrhunderte und Jahrtausende bewährt hatte, total blödsinnig war. Die Zollgrenzen hatten eine wichtige Funktion – sie ermöglichten einen lukrativen Handel mit anderen Ländern, ohne der eigenen Wirtschaft zu schaden.

Und ein solcher für alle Seiten nutzbringender Welthandel wäre auch heute nicht verkehrt: Die deutsche Wirtschaft unter dem Protektorat der Regierung, die mittels Zollschraube den Konkurrenzdruck von außen so justiert, dass er die einheimischen Branchen fordert, aber nicht vernichtet.

Wenn in vielen Bereichen 95 % der hier konsumierten Waren eingeführt werden (Kameras, Computer, Textilien usw.), dann ist meiner Meinung nach etwas faul im Staate Deutschland. Angemessene Zölle hätten diesen Vernichtungswettbewerb gegen unsere Interessen und unsere Arbeitsplätze ohne Zweifel verhindert.

Lieber ehrliche Zölle ...

Ehrliche Zölle sind mir allemal lieber als die bereits erwähnten protektionistischen Tricks anderer Staaten. Nun gilt es, die durch Schummeleien verloren gegangene Balance wieder herzustellen. Mit einer Renaissance des bewährten Zollsystems könnten unsere Wirtschaft saniert und ein fairer Welthandel aufgebaut werden. Aber es gibt noch eine elegantere Methode, diese Ziele zu erreichen. Ich erkläre sie im folgenden Artikel.

Die Lohnkostenreform

Wer ist Schuld an der hohen Arbeitslosigkeit und der Lohnstagnation seit 1980? Es ist nicht unser Schicksal, den Rückwärtsgang einzulegen, es sind keine Naturgewalten, denen wir hilflos gegenüberstehen und es sind auch nicht die Errungenschaften der Forschung und Technik, die uns das Leben schwerer machen — verantwortlich für die negativen Entwicklungen sind schlicht und ergreifend politische Entscheidungen. Ich nenne noch einmal die drei gravierendsten Fehler: der Abbau der Zollgrenzen, die Schaffung der EU und die Einführung des Euro. Diese drei Maßnahmen haben die natürliche Basis für einen funktionsfähigen Staat und einen intakten Binnenmarkt zerstört. Mit einer Rückbesinnung auf angemessene Zollgrenzen könnte das Ruder herumgerissen werden, es gäbe aber auch eine ganz andere Alternative:

Die Lohnkostenreform

In einem globalem Markt spielen die Lohnkosten eine zentrale Rolle. Und wer diese Lohnkosten künstlich in die Höhe treibt, wird für seine Dummheit bitter bestraft. Die weitgehende Finanzierung des Sozialstaates über Lohnnebenkosten spottet jeder Vernunft. Bereits in einer geschlossenen Volkswirtschaft ist eine derartige „Bestrafung" der Arbeit gefährlich und führt zur übertriebenen (weil abgabenfreien) Automatisierung.

In Verbindung mit dem ständigen Abbau von Schutzzöllen und der forcierten Globalisierung aber bedeuten lohnbezogene Sozialabgaben einen unverzeihlichen Sabotageakt. Der deutsche Arbeitnehmer mit seinen überdimensional aufgeblähten Lohnkosten steht heute in direkter Konkurrenz mit den schäbigsten Dumpinglöhnen rund um den Erdball — Zyniker sprechen dabei auch noch von einem fairen Wettbewerb und loben den freien Welthandel.

Was ist zu tun?

Fehler dürfen nicht verniedlicht, sie müssen angesprochen und bloßgelegt werden. Nur so ist auch eine Korrektur möglich. Im konkreten Fall bedeutet das also: <u>Runter mit den</u>

Lohnnebenkosten! Und für die Gegenfinanzierung gibt es nur eine akzeptable Lösung: die Mehrwertsteuer. Denn über die Mehrwertsteuer werden endlich auch die Importe mit zur Finanzierung unseres Sozialstaates herangezogen (und die deutsche Produktion entsprechend verbilligt).

Wie funktioniert eine Lohnkostenreform?

Stellen wir uns einmal vor, der Arbeitgeberanteil zur Sozialversicherung würde nicht mehr vom Unternehmen, sondern vom Staat über eine erhöhte Mehrwertsteuer bezahlt. Dann wären die Lohnkosten bereits um ca. 17 % niedriger als heute, eine Industriearbeitsstunde würde nicht mehr mit 25,- Euro, sondern nur noch mit 21,- Euro zu Buche schlagen.

Was das für unser Land bedeuten würde, ist klar: Viele Produkte, die heute importiert werden, könnten wieder konkurrenzfähig im eigenen Land hergestellt werden. Die Arbeitslosigkeit würde drastisch zurückgehen, die Reallöhne wegen des knapperen Arbeitsmarktes und eingesparter Unterstützungszahlungen deutlich ansteigen (und damit zur Belebung des Binnenmarktes beitragen). Positive Effekte gäbe es sogar bei der Bekämpfung der Schwarzarbeit: sie würde wegen der niedrigeren Lohnnebenkosten an Attraktivität verlieren.

Riesiges Potential

Es ist gut möglich, dass bereits die angesprochene Umschichtung der Arbeitgeberanteile zur Sozialversicherung zur Vollbeschäftigung führt. Sollte die Lohnkostensenkung von 17 % aber nicht ausreichen — das Reformpotential wäre noch lange nicht erschöpft. Auch mit den Sozialbeiträgen der Arbeitnehmer und weiten Teilen der Lohnsteuer könnte in gleicher Art verfahren werden.

Wird durch die höhere Mehrwertsteuer alles teurer?

Durch die Umschichtung der Lohnnebenkosten auf die Mehrwertsteuer bleibt die allgemeine Kaufkraft erhalten, auch wenn einige Demagogen dies anders darstellen möchten. „Übersehen“ wird gern, dass der Umfinanzierung eine beträchtliche Lohnkostensenkung vorausgeht. Trotz höherer Mehrwertsteuer werden sich im Endeffekt alle in Deutschland hergestellten Waren und Dienstleistungen um 5-10 % verbilligen. Nur die Importe werden theoretisch teurer (allenfalls um 5-10 %).

In der Praxis wird sich für die Verbraucher ein dickes Plus ergeben, da die Importpreise wegen des starken Konkurrenzdruckes sich nicht vom deutschen Preisniveau entfernen können (die ausländischen Hersteller müssten sich dann vielleicht mit Renditen begnügen, wie sie in den USA seit langem üblich sind).

Wie hoch ist das Risiko?

Die Umfinanzierung der Arbeitgeberanteile zur Sozialversicherung muss nicht von heute auf morgen, sie kann schrittweise erfolgen. Bei einem jährlichen Anstieg der Mehrwertsteuer um 2 bis 3 % hätte man in einigen Jahren das Klassenziel erreicht, ohne dabei ein unkalkulierbares Risiko eingegangen zu sein. Wenn man sieht, was für ein Wagnis Politiker beim Euro eingingen (trotz starker Ablehnung in der Bevölkerung), ist das Zaudern bei einer wirklich erfolgversprechenden Reform in keiner Weise gerechtfertigt.

Die Lohnkostenreform entschärft die Globalisierung

Von einer konsequent durchgezogenen Lohnkostenreform würde eine solche Kraft ausgehen, dass alle wesentlichen Probleme, auch die der Globalisierung, sich mittelfristig auflösen würden. Sie schützt und bewahrt die Interessen unseres Staates, ohne dass uns irgendjemand einen Protektionismus vorwerfen könnte. Sie vermindert außerdem das arbeitsschädigende Ungleichgewicht zwischen den Faktoren Arbeit und Kapital, ohne Investoren zu verschrecken.

Wer sich gegen die Lohnkostenreform sperrt, muss den weiteren wirtschaftlichen Niedergang Deutschlands akzeptieren oder aber wieder ein intaktes Zollgrenzsystem installieren.

Denn über die Mehrwertsteuer werden endlich <u>auch die Importe</u> mit zur Finanzierung unseres Sozialstaates herangezogen ...

Die erfolgreiche Bekämpfung der Schwarzarbeit

Die Schwarzarbeit erfreut sich in Deutschland wachsender Beliebtheit und erschüttert dadurch zunehmend die Fundamente unseres Sozialstaates. Experten schätzen das Ausmaß der Schattenwirtschaft in Deutschland bereits auf 17 % des BIP. Schuld an diesen hohen Werten sind, darüber sind sich alle einig, die beträchtlichen Lohnnebenkosten und Steuern, die die Handwerksarbeit vor allem für Privathaushalte fast unbezahlbar werden ließen.

Die im vorigen Artikel erläuterte Lohnkostenreform begegnet der Schwarzarbeit bereits durch die Senkung der Lohnnebenkosten und der damit verbundenen Verringerung der Erwerbslosenzahlen (wer einen gut bezahlten Ganztagsjob hat, steht der Schattenwirtschaft nur noch bedingt zur Verfügung).

Aber die Lohnkostenreform kann im Kampf gegen die Schwarzarbeit noch weit mehr bewirken. Der Mehrwertsteuersatz (der dann die Sozialabgaben beinhaltet) bietet einen beachtlichen Spielraum zur gezielten Steuerung der Volkswirtschaft. Durch verschiedene Steuersätze lassen sich selbst unlösbar geglaubte Probleme beseitigen. Was liegt zum Beispiel näher, als die durch die Schwarzarbeit besonders bedrohten Bereiche mit einer niedrigeren Mehrwertsteuer zu belegen, während bei der industriellen Produktion stärker zugelangt wird (ein Auto oder einen Fernseher wird kaum jemand in Schwarzarbeit fertigen). Diese Differenzierung hätte nebenbei noch den zusätzlichen humanen Aspekt einer stärkeren Kapital- bzw. Maschinenbesteuerung bei gleichzeitiger Entlastung der handwerklichen Lohnarbeit.

Natürlich wird auch nach der Lohnkostenreform und einem günstigen Mehrwersteuer-Sondertarif ein Fachbetrieb für seine Arbeit mehr verlangen als ein Schwarzarbeiter, doch die Unterschiede verringern sich beträchtlich. Und schließlich bietet ein Handwerksbetrieb ja auch ganz andere Gewährleistungen (nicht ordnungsgemäß durchgeführte Arbeiten können reklamiert werden und einen Arbeitsunfall oder das Finanzamt muss auch niemand mehr fürchten). Für diesen Service und diese „Annehmlichkeiten“ werden viele gerne etwas tiefer in die Tasche greifen.

Die unselige Subventionierung der Transporte

Die Transportkosten sind einer der wesentlichen Faktoren im weltweiten Handel. Vor zwei Jahrhunderten noch überstiegen die Transportkosten den Warenwert oft um ein Vielfaches. Und trotz hoher Einfuhrzölle war der Welthandel für die Betreiber attraktiv und viele Geschäftsleute haben sich eine goldene Nase daran verdient.

Mit dem Aufkommen der Eisenbahnen und Dampfschiffe sind die Transportkosten und Beförderungszeiten deutlich gefallen – und heute, im Zeitalter der Container und Superfrachter, sind sie auf ein Minimum zusammengeschrumpft.

Dass diese positive Entwicklung zu einer deutlichen Belebung des Warenaustausches und einer Forcierung des weltweiten Konkurrenzkampfes der Produktionsstandorte führen musste, ist verständlich. Ein weitergehendes Anheizen dieses Trends durch die Senkung von Zöllen war meines Erachtens weder sinnvoll noch notwendig.

Die manipulierte Marktwirtschaft!

Es gibt immer Leute, die den Hals nicht voll bekommen. Der dramatische Verfall der Transportkosten und der Abbau der Zölle war manchen Extremisten immer noch nicht genug. Sie wollten den Welthandel weiter anheizen, um einen gnadenlosen Kampf um die billigste Produktion zu entfachen. Also ließen sie durch ihre politischen Freunde die ohnehin schon stark gefallenen Transportkosten durch staatliche Maßnahmen zusätzlich reduzieren und von den tatsächlichen Gestehungskosten abkoppeln. Damit haben diese Globalisierungsfetischisten die Gesetze der Effizienz massiv unterwandert! Nunmehr rechneten sich die blödsinnigsten Kapriolen, so z. B. auch Betriebsauslagerungen, die unter neutralen marktwirtschaftlichen Bedingungen unrentabel wären.

Die Folgen subventionierter Transporte

Vor nicht allzu ferner Zeit hatten wir in meiner Heimatstadt Flensburg (88.000 Einwohner) eine nicht unbedeutende Meierei, einen eigenen Schlachthof, eigene Getreidemühlen, eine eigene Zeitungsdruckerei usw.. Alle waren zufrieden: Die

Kunden und Lieferanten hatten kurze Transportwege, die Mitarbeiter der Firmen konnten oftmals zu Fuß zur Arbeit gehen. Das alles hat sich geändert. Radikal. Durch die staatlich geförderte Verbilligung der Transportkosten rechnete es sich für viele Firmen, Produktionsstätten zusammenzulegen. Irgendwo in weiter Ferne wurden mit staatlicher und kommunaler Unterstützung neue Fabriken auf die Wiesen gestellt. Zwar sind diese großen modernen Anlagen etwas produktiver als die alten örtlichen Zweigbetriebe – aber würden sich die Investitionen auch rechnen bei einer fairen Besteuerung der Transporte (die sich durch die Zentralisierung zwangsläufig vervielfachen)?

In diesem Zusammenhang muss erwähnt werden, dass durch die Firmenverlagerungen viele Mitarbeiter arbeitslos bzw. zu Pendlern wurden (die wiederum den Verkehr zusätzlich belasten). Es muss darauf hingewiesen werden, dass die Lebensqualität sich bei den Anwohnern zusätzlich belasteter Straßen verschlechtert hat, dass verkehrsbedingte Gebäudeschäden auftreten (die natürlich auch in keiner Überlegung oder Wirtschaftlichkeitsrechnung auftauchen). Auch müssen die finanziellen Auswirkungen der durch die zusätzliche Luftverschmutzung verursachten Krankheiten berücksichtigt werden.

Der hemmungslose Eingriff in die Marktwirtschaft durch Subventionen (der Investitionen) und eine ungenügende Besteuerung der Transporte hat also einen entscheidenden Einfluss auf unsere Landschaft und unser Leben. Eine kostengerechte Behandlung käme nicht nur der Produktivität zugute (Verzerrungen fördern die Misswirtschaft), sondern würde auch die Umwelt entlasten und die Lebensqualität erhöhen (weniger Lärm, gesündere Luft, geringerer Verkehrsstress).

Produktionsauslagerungen ins Ausland

Viele Produktionsauslagerungen ins Ausland rechnen sich nur, weil Transportkosten dank staatlicher Hilfe kaum noch ins Gewicht fallen. So mussten z. B. viele regionale Getränkehersteller ihre Fabriken schließen, weil im Ausland die Herstellung von Mineralwasser, Sprudel, Bier usw. etwas günstiger war und Transportwege von 2000 km selbst bei schweren Billiggütern kaum noch eine Rolle spielen.

Zwei andere Beispiele: Da werden tonnenweise Nordseekrabben über tausende Kilometer per LKW hin- und herbefördert, nur um sie in irgendeinem Billiglohnland pulen zu lassen. Viele deutsche Hoteliers sind derweil dazu übergegangen, Bettbezüge und Handtücher in Polen waschen und bügeln zu lassen. Bei den niedrigen Transportraten rentiert sich fast alles, nichts ist unmöglich.

Die Ökonomen, die unsere niedrige Dienstleistungsquote bemängeln, sollten erkennen, dass ihre vorbildlichen Staaten nicht an Billiglohnländer angrenzen und deshalb solche Probleme nicht kennen.

Subventionierte Straßentransporte

Untersuchungen haben ergeben, dass ein großer LKW die Straßen etwa so schädigt wie 150.000 Pkw. Den extremen Belastungen der schweren Brummis ist kein Kraut und schon gar keine Asphaltdecke auf Dauer gewachsen. Bei einer fairen Wirtschaftlichkeitsrechnung müsste ein 40-Tonner, sollte er für alle Schäden (auch bezüglich der Umwelt und Gesundheit) aufkommen, für jeden gefahrenen Kilometer an den Staat schätzungsweise 5,- Euro entrichten.

Wenn auch 30 Jahre zu spät, aber dennoch erfreulich: Ab dem Jahre 2003 soll es in Deutschland eine Kilometermaut geben! Zwar ist die geplante Gebühr lächerlich gering und erfasst weder kleinere LKW noch Land- und Stadtstraßen (wieder einmal macht sich die Vormundschaft der EU negativ bemerkbar). Aber immerhin wagt man einen Anfang, und diese Tatsache allein überrascht und lässt hoffen. Vielleicht gelingt es, innerhalb von zwanzig Jahren eine wirklich kostenneutrale Besteuerung einzuführen (vor allem auch für ausländische LKW), und dann wird man sehen, dass sich unsere Wirtschaft und Gesellschaft anders entwickeln als bisher, da Produktionsauslagerungen an Attraktivität verlieren.

Ein weiteres Problem möchte ich auch noch anreißen: Im Zuge der Globalisierung gefährden zunehmend Horror-LKW aus Osteuropa die deutschen Straßen. Zu beanstanden sind nicht nur die technischen Zustände der Fahrzeuge, auch das Ausbeutungssystem der Fahrer ist unerträglich (18 Stunden tägliche Lenkzeit, 300,- Euro Monatsverdienst). Die Perversion könnte beendet werden durch ein grundsätzliches Arbeitsverbot für ausländische LKW-Fahrer. Die LKW's könnten an der Grenze von deutschen Fahrern übernommen werden.

Subventionierung der See-Transporte

Auch die ganze Subventionitis im Schiffsbau, die fehlende Besteuerung der Treibstoffs, der Missbrauch durch Ausflaggung usw. schadet unserer Marktwirtschaft. Natürlich müssen wir unsere Werften unterstützen, weil es andere Staaten auch machen — aber insgesamt gesehen ist der ganze Vorgang irrsinnig.

Da es einzelnen Staaten nicht gelingt, Transporte auf dem Seeweg kostendeckend abzurechnen, die Subventionen also auch hier eine marktverzerrende Wirkung ausüben, sehe ich nur eine Möglichkeit, das fehlende Gleichgewicht wieder herzustellen: Durch Importsteuern sich das wieder hereinholen, was der Staat in diesem Bereich an Aufwendungen hat (Werftbeihilfen, Küstenschutz, Einfuhrkontrollen, Zollverwaltung usw.).

Subventionierter Flugverkehr

Warum ist man nicht Willens, das Flugbenzin angemessen zu besteuern? Warum muss selbst noch die Flugzeugindustrie bezuschusst werden? Würden alle direkten und indirekten Beihilfen wegfallen und auch die Versicherungspolicen entsprechend ihres Schadenpotentials angehoben, würden sich die Flugtarife möglicherweise verdoppeln. Mag sein, dass dadurch der Flugverkehr stark zurückgehen würde und wieder das Niveau von 1970 erreichen könnte — ich sehe darin aber kein unüberwindbares Problem. Was sich nicht rechnet, hat in der Marktwirtschaft nichts zu suchen, weil es eine Kettenreaktion von Verwerfungen auslöst. Warum überhaupt soll der unbeteiligte Steuerzahler etwas unterstützen, was von Terroristen jederzeit als fliegende Bombe missbraucht werden kann?

Viele Produktionsverlagerungen ins ferne Ausland gab es nur wegen der günstigen Luftfrachttarife. Ohne die Subventionierung des Flugverkehrs bräche die Kalkulationsbasis für viele ausländische Engagements in sich zusammen.

Soll der Staat sich heraushalten?

Würde man der Wirtschaft die Führungsrolle vor der Politik überlassen, so wie es Vertreter des Neo-Liberalismus immer wieder fordern, käme eine kostenneutrale Besteuerung der Transporte sicher nie zustande. Dann reagierten nicht mehr die Gesetze des Marktes, sondern die Gesetze der Macht. Die Menschheit in der totalen Abhängigkeit vom Großkapital — ist das das Endziel der Globalisierer?

Die Produktion der Produktionsmittel

Dass die Produktivität steigt, die Löhne aber sinken, habe ich bereits erwähnt. Zum einen erklärt sich dieses Phänomen aus der schiefen Verteilungslage. Die Globalisierung begünstigt in vielerlei Hinsicht die Reichen und Superreichen, weil deren Geld jetzt dorthin fließen kann, wo es die höchsten Renditen abwirft. In der Praxis führt dies zwangsläufig zum internationalen Lohndumping und zur Erpressung der konkurrierenden Staaten (Subventionen, Steuergeschenke usw.).

Doch neben der ungerechten Umverteilung bedingt ein weiterer Aspekt das beständige Auseinderklaffen von BIP und Lebensstandard: die Produktion der Produktionsmittel.

Aufgeblähte Investitionen!

Das BIP erfaßt auch Güter, die zur Herstellung der Waren und deren Vertrieb benötigt werden, also Maschinen, Gebäude, den Fuhrpark usw. Wegen der künstlich forcierten Automatisierung und des teuren Verdrängungswettbewerbes verschlingt der geschäftliche Bereich einen immer größerer Anteil des BIP. Das eigentliche Ziel jeder Produktion, die Herstellung von Konsumartikeln, gerät dabei zunehmend in den Hintergrund.

Die überzogene Förderung der Investitionen hat bereits zu wahnsinnig anmutenden Verhältnissen geführt. Mit hysterischem Übereifer wird modernisiert, zentralisiert und rationalisiert und dabei der Produktionsaufwand so manches Mal nur aufgebläht. Die Verherrlichung der Automation hat vielerorts den Blick zur Realität vernebelt. Was nützt der Einsatz immer leistungsfähigerer Maschinen, wenn der investierte Arbeitsaufwand größer ist als das spätere Einsparvolumen?

Manipulierte Marktwirtschaft

Man sollte meinen, das marktwirtschaftliche System zwingt Unternehmer zur Effizienz, Investitionen müssen sich also rechnen und letztlich die Herstellung der Waren verbessern und verbilligen. Prinzipiell würde dies sicher funktionieren, gäbe es nicht die Globalisierung und den daraus resultierenden Subventionszwang. Viele neue Maschinen rechnen sich halt nur, weil die Arbeit hierzulande künstlich verteuert wird (durch die Lohnnebenkosten) und Investitionen künstlich verbilligt werden (durch Subventionen und Abschreibungen). Was sich für den Unternehmer rechnet, ist volkswirtschaftlich oft totaler Unsinn.

Vorsteuerabzug

Ein großer Teil des deutschen Steueraufkommens wird durch die Mehrwertsteuer aufgebracht. Auf Waren und Dienstleistungen werden in der Regel 16 % aufgeschlagen, die der Unternehmer an das Finanzamt abführen muss. Aber es wird im Endeffekt immer nur der tatsächlich entstandene „Mehrwert" berücksichtigt – die Firmen können die bereits den Lieferanten gezahlte Mehrwertsteuer von ihrer Steuerschuld abziehen. Diese im Prinzip einleuchtende Regelung führt leider auch dazu, dass Prunk und Protz, den sich einige Firmen leisten, über eingesparte Steuern vom Staat mitfinanziert werden.

Differenzierung

Sinn unseres Steuersystems kann es nicht sein, überflüssige Investitionen gleich mehrfach zu fördern. Deshalb sollte darüber nachgedacht werden, ob der Vorsteuerabzug uneingeschränkt gewährt werden muss. Der Verbraucher hat schließlich auch keine Möglichkeit, sich die Mehrwertsteuer wieder erstatten zu lassen.

Ein Beispiel

Was würde wohl geschehen, wenn künftig Ladenrenovierungen nur noch als Unkosten absetzbar wären, die Vorsteuer aber nicht extra erstattet würde? Es würde natürlich seltener umgebaut und erneuert, die vorhandenen Werte und Einrichtungen würden länger und besser genutzt. Trotz des entfallenden Steuergeschenkes würden aber die Verbraucherpreise eher sinken, da überflüssige Kosten eingespart werden. Der Staat könnte mit den neuen Steuereinnahmen die Lohnnebenkosten senken, was die Herstellung der Produkte wiederum verbilligt.

Natürlich würden zunächst einmal Händler, Handwerker und Ladeneinrichter Sturm laufen gegen die steuerliche Verschlechterung. Tatsächlich aber entstünden den Händlern keine Nachteile, weil es die Konkurrenz gleichermaßen trifft und der Wettbewerb (und nicht die Steuerquote) die Gewinnspanne reguliert. Zwar würden Handwerker durch die Neuregelung einige Aufträge verlieren, auf der anderen Seite würden sie aber auch profitieren von den sinkenden Lohnnebenkosten (was die Schwarzarbeit und „Eigenleistung“ eindämmt). Außerdem darf man vom Staat nicht verlangen, dass er überflüssige Arbeiten ewig fördert.

Andere Beispiele

Auch der Vorsteuerabzug bei Gewerbemieten sollte einige Überlegungen wert sein. Das geltende steuerfreie System führte zum Anheizen der Mietkosten, in guten Lagen kostet ein Quadratmeter Ladenfläche bereits 100 bis 150 Euro im Monat. Wenn der Vorsteuerabzug bei Gewerbemieten entfällt, so bedeutet das nicht nur zusätzliche Steuereinnahmen (die wiederum zur Senkung der Lohnnebenkosten verwendet werden könnten). Die steuerliche Belastung erzeugt einen Preisdruck – die Nettomieten werden vielerorts sinken. Die Kosten für die Ladenmieten müssen real also nicht unbedingt steigen – vielmehr würden die spekulativen Gewinne bei Gewerbeimmobilien zurückgehen.

Noch fragwürdiger ist der Vorsteuerabzug bei der Werbung. Muss er wirklich sein und muss man ewig daran festhalten? Werbung ist das wichtigste Instrument im ruinösen Verdrängungswettbewerb und verschlingt einen immer größer werdenden Teil des Bruttosozialproduktes – warum soll der Staat das durch Steuergeschenke noch fördern? Der Mensch ist bereits heute der zeitraubenden Reklameflut kaum noch gewachsen. Ein halbierter Werbeaufwand würde der Volkswirtschaft trotz anderslautender Propagande der Reklameindustrie eher nützen als schaden.

> Sinn unseres Steuersystems kann es nicht sein, überflüssige Investitionen gleich mehrfach zu fördern.

Die Monopolisierung des Handels

Die Gefahr für die Gesamtwirtschaft, die von der Monopolisierung und Globalisierung im Handel ausgeht, wird völlig unterschätzt. Denn der Handel entscheidet über das Warenangebot und damit letztlich auch über die Produktion. Durch den Konzentrationsprozess im Handel hängt die Existenz der Produzenten zunehmend vom Wohlwollen einzelner Chefeinkäufer ab. Die Handelsriesen haben außerdem oft bereits die Macht und die finanzielle Kraft, Waren zu günstigsten Preisen in Billiglohnländern nachahmen zu lassen (sie sind auf die hiesigen Produzenten nicht unbedingt angewiesen). Langfristig hängt die gesamte Volkswirtschaft von einem gesunden Handel mit ausreichender Konkurrenz ab (das erfordert in erster Linie die Existenz vieler unabhängiger mittelständischer Einzelhändler).

Das Rabattsystem reformieren!
Will man den mittelständischen Handel erhalten, so müssten zunächst einmal die unerträglichen Zustände des Rabattsystems seitens der Lieferanten reformiert werden. Die Preisnachlässe bei höheren Abnahmemengen beim Einkauf gilt es zu beschränken und übersichtlicher zu gestalten. Die heute üblichen heimlichen Sondervergünstigungen sind mit einer fairen Marktwirtschaft unvereinbar – jeder Händler sollte das Rabattsystem durchschauen und in die Nähe der Höchst-Konditionen kommen können.

Überzogene Preisnachlässe
In manchen Segmenten liegt die übliche Handelsspanne nur bei 10 bis 20 %. Wenn die Hersteller den Großabnehmern in diesen Bereichen einen zusätzlichen Jahres-Umsatzbonus von 20 % gewähren, ist der normale Einzelhändler praktisch ausgeschaltet. Der Gesetzgeber sollte diese Monopolbildung verhindern, indem er vertretbare Höchstrabatte festsetzt.

Völliges Verbot der Sondervergünstigungen
Beispiel WKZ: Als WKZ werden Werbekostenzuschüsse bezeichnet, die sich immer mehr im Handel durchsetzen. Die mächtigen Einkaufschefs begnügen sich nicht mehr mit hohen

Rabatten, sie wollen auch noch ihre Werbung bezahlt haben. Manche Lieferanten müssen die Kataloge und Anzeigen der Handelsketten mit Millionensummen unterstützen. Stellen sie sich quer, fliegen ihre Produkte aus dem Programm.

Beispiel Zahlungsziel: Während der Einzelhändler seine Rechnungen innerhalb von 30 Tagen zahlen muss, erwarten die Großen der Branche auch hier ein entgegenkommen. Drei bis zwölf Monate Zahlungsziel halten sie für angemessen.

Beispiel Stellplatzmiete: Aus der Tatsache, dass die Ware im Laden stehen muss, lässt sich auch Kapital schlagen. Pro laufender Meter wird abgerechnet – für viele Handelsriesen ein Millionengeschäft. Die Kleinen bekommen natürlich nichts.

Beispiel Umtauschrechte: Wird eine Ware beim Handelsgiganten zum Ladenhüter, muss sich der Hersteller kulant zeigen und alles wieder zurücknehmen –der mittelständische Händler darf seine Fehleinkäufe meist selbst ausbaden.

Diese Beispiele mögen genügen, um aufzuzeigen, was sich hinter den Kulissen so abspielt und warum und auf wessen Kosten große Handelskonzerne so erfolgreich sein können. Ein Verbot von sämtlichen verschleierten Preisnachlässen halte ich für dringend angeraten.

Keine preistreibende Wirkung!

Wer nun meint, der Wegfall der heimlichen Vergünstigungen an die Branchenriesen würde Preissteigerungen nach sich ziehen, denkt zu kurz. Das allgemeine Preisniveau wird eher sinken denn steigen, weil die kleinen Händler dann günstiger einkaufen und besser konkurrieren können. Die Handelsgiganten müssten sich dann einem echten Wettbewerb stellen, durch eigene Ideen und Innovationen Vorteile erkämpfen, während bislang die „Erpressung" der Lieferanten oft die einzige Geschäftsidee darstellte.

Unseriöse Preiskämpfe untersagen!

Neben der bereits erwähnten Beschränkung der Einkaufsrabatte besteht weiterer Handlungsbedarf. Unseriöse Preiskämpfe sollten strikt untersagt werden. Nicht selten werden gesunde Firmen durch unseriöse Preiskämpfe der Konkurrenz zur Aufgabe gezwungen. Warum kann z. B. bei aktueller Ware der Verkauf unter dem regulärem Einkaufspreis nicht grundsätzlich verboten werden?

Wider dem Radikalismus!

Es gibt immer wieder Demagogen, die extreme Positionen vertreten und die Menschheit mit ihren Wahnvorstellungen beglücken wollen. Hitler und seine nationalsozialistische Idee fallen in diese Kategorie – am anderen Ende der Skala steht aber vielleicht auch das andere Extrem, die Globalisierung.

Den Menschenverführern fehlt oft das richtige Maß, weil sie sich selbst für das Maß aller Dinge halten. Wegen ihrer krankhaften Machttrunkenheit haben sie den Boden zur Realität verloren, sie finden nur noch in radikalen Zielen Genugtuung und die Chance, eines Tages zu den Großen der Weltgeschichte zu zählen.

Extremisten sind rücksichtslos!

Ich verabscheue den radikalen Nationalismus, halte aber den Globalismus für fast ebenso gefährlich und schädlich. Warum dieser seltsame Hang zu extremen Systemen, warum wird der übliche Mittelweg immer wieder verlassen, wenn er doch so schlecht nicht ist?

In Mitteleuropa kam es in der Zeit von 1900 bis 1980 angeblich zu einer Verzehnfachung des Lebensstandards – zieht man die starken Rückschläge durch die beiden Weltkriege ab, so ist die enorme Wohlstandsmehrung in weniger als einem halben Jahrhundert vollzogen worden. In einer Zeit wohlgemerkt, in dem der heute verpönte Mittelweg ohne Hektik beschritten wurde. In einer Zeit, wo jedes EU-Land noch hundertprozentig souverän war, eine eigene Währung, vor allem aber intakte Zollgrenzen hatte.

Ideologisch treu bis zum Untergang?

Der Welthandel muss nicht extremisiert und auf die Spitze getrieben werden. Die Abwendung von der Globalisierung heißt nicht, sich dem Weltmarkt verschließen und sich einigeln, sondern den Warenaustausch mit anderen Ländern auf ein angemessenes Niveau dosieren. Wer die eigene Industrie, wer ganze Branchen aus ideologischen Gründen der ausländischen Billigkonkurrenz preisgibt, ist in meinen Augen kein Ehrenmann sondern ein Narr oder ein Volksverräter.

Kapitel IV

Anderen Staaten helfen!

Wohlstand für alle!

Wer viel hat, kann auch viel geben!

Es kann nicht bestritten werden, dass die finanzielle Basis der sogenannten „reichen“ Industrienationen so erquicklich nicht ist. Die Staatsverschuldung liegt selbst im Vorzeigeland Deutschland bei über 60 % des BIP, die Finanzminister von Bund und Ländern müssen sich stetig mühen, die Neuverschuldung in vertretbaren Grenzen zu halten – es wird halt gespart, wo es nur geht.

Dass die desolate Finanzlage stark mit der Globalisierung zusammenhängt, kann nicht ernsthaft angezweifelt werden. Denn die Globalisierung erlaubt den Großunternehmen einerseits, vom Staat milde Gaben und Steuersenkungen zu verlangen (sonst droht die Produktionsverlegung ins Ausland), anderseits ermöglicht sie auch die Verschiebung von Gewinnen in eine der vielen Steueroasen. Ohne das Erpressungspotential der Globalisierung lägen die Steuereinnahmen jährlich um 10 bis 20 % höher, und die riesige Staatsverschuldung wäre überhaupt nicht existent.

Die Entwicklungshilfen erhöhen!

Man braucht also kein Mathematiker zu sein, um einzusehen, dass ohne die Globalisierung für die Entwicklungshilfe beträchtlich mehr ausgegeben werden könnte. Heute erreicht die deutsche Entwicklungshilfe etwa ein Volumen 0,3 % des BIP – jedermann weiß, dass dies nicht genügt, um eine wirksame Aufbauhilfe leisten zu können. Würden dem Kapital die Flügel gestutzt und könnte es sich durch die grenzenlose Freiheit nicht mehr den Staatsinteressen entziehen, so könnte die Hilfe ohne Bedenken vervielfacht werden.

Was dies für die Entwicklungs- und Schwellenländer bedeuten würde, lässt sich leicht ausmalen. Mit einer Vervielfachung der Entwicklungshilfe würde eben nicht nur die größte Not gelindert, sondern es könnten grundlegende Reformen eingeleitet werden. In der Dritten Welt könnte eine eigenständige mittelständische Wirtschaft etabliert werden, die vorrangig inländische Bedürfnisse befriedigt, für ein kontinuierliches Ansteigen des Lebensstandards sorgt und zur Stabilisierung der sozialen und politischen Verhältnisse beiträgt.

Konzentrierte Hilfe

Betrachtet man den Erfolg der Entwicklungshilfen der BRD seit 1960, so ist das Ergebnis wenig erbaulich. Umgerechnet nach heutigem Geldwert dürfte Deutschland die ärmsten Länder etwa mit 200 bis 300 Milliarden Euro unterstützt haben (einschließlich des Verzichts auf Kreditrückzahlungen), ohne dass dort eine spürbare Besserung der Lebensverhältnisse eingetreten ist. Man kommt wohl nicht umhin, sich einzugestehen, dass die meisten Hilfen nicht das gebracht haben, was man sich erhofft hatte.

Aus Fehlern lernen!

Dass immer wieder Fehleinschätzungen vorkommen und falsche Entscheidungen getroffen werden, liegt in der Natur der Sache und ist bei der Komplexität der weltwirtschaftlichen Zusammenhänge auch kaum vermeidbar. Wichtig aber ist, dass aus Fehlern gelernt wird und das Fehler eingestanden werden (beim natürlichen Lernvorgang hatte die Politik aber schon immer ihre Probleme).

Ein wesentliches Manko der bisherigen Entwicklungshilfe war meines Erachtens, dass man sich oft zuviel vorgenommen und sich dabei verzettelt hat. Wer alles meistern will, bewirkt oft gar nichts.

Generalplan für ein einziges Land!

Ich plädiere dafür, dass Deutschland sich bei der Entwicklungshilfe für einige Jahre voll und ganz auf ein einziges armes Land konzentriert und dieses von Grund auf saniert (natürlich im Einvernehmen mit deren Bevölkerung und der dortigen Regierung).

Also nicht nur irgendwo einen Staudamm bauen oder eine Fabrik hinstellen, sondern sich am Aufbau eines soliden Straßen- und Schienennetzes beteiligen, ein ausreichendes Schul- und Ausbildungssystem schaffen, beim Aufbau einer freien Presse helfen, den Bevölkerungszuwachs eindämmen (Rentensystem, kostenlose Verhütungsmittel), das Handwerk und die Kleinindustrie mit günstigen Krediten versorgen, ausreichend Kaufkraft/Geld in Umlauf bringen usw.

Die Anschubfinanzierung

Trotz der allgemeinen Globalisierungseuphorie hat der freie Weltmarkt den meisten Ländern noch keinen Wohlstand beschert. Wenn wir uns beispielsweise einmal die schlimmen Zustände in Rumänien betrachten, so müssen einem doch erhebliche Zweifel an den allgemeinen Wirtschaftstheorien kommen. Das Resümee nach zehn Jahren freier Marktwirtschaft: Der Bevölkerung in Rumänien geht es heute schlechter als zu kommunistischen Zeiten.

Wie kann so etwas überhaupt angehen, schließlich schaffen andere Staaten (Polen, Tschechei) doch auch den Aufstieg zu den erfolgreichen Industrienationen? — Wichtigster Faktor für das rumänische Desaster ist sicherlich die ungünstige geografische Lage. Für deutsche Firmen ist es nun einmal attraktiver, in den nahen Billiglohnländern zu investieren als im abgelegenen Rumänien. Hinzu kommen aber noch weitere Handikaps: schlechte Verkehrswege, mangelhafte Telefonnetze, traditionell geringe Industrialisierung, ungenügend qualifizierte Arbeitskräfte usw.

Es ist an der Zeit einzusehen, dass viele rückständige Regionen die Verlierer des globalen Wettstreites sind. Aus eigener Kraft können diese Länder aus ihrer Depression kaum herausfinden — die Hilfe muss von außen kommen.

Die Anschubfinanzierung

Auch ohne ausländische Investoren würde es den Rumänen sehr viel besser gehen, wenn nur alle einer sinnvollen Beschäftigung nachgehen könnten. Heute bleibt etwa 70 % des Arbeitspotentials (= des Wohlstands) ungenutzt — und das ist einzig und allein die Folge des nicht vorhandenen Geldes.

Jährlich zahlt allein Deutschland über 10 Milliarden Euro in die EU-Kassen. Damit werden wohlhabende EU-Länder unterstützt, deren Lebensstandards statistisch unter dem deutschen Durchschnitt liegen. Wenn nun anstelle der jährlichen Apanage an die bisherigen Wohlfahrtsländer in einer einmaligen Aktion einem wirklich bedürftigen Land wie Rumänien fünf Milliarden Euro zufließen würden, könnte dort ein wahres Wirtschaftswunder einsetzen. Voraussetzung für ein Gelingen wäre freilich, dass das Geld gleichmäßig an die gesamte Bevölkerung verteilt wird und das Land drastische Importzölle (500 %?) auf Konsumartikel erhebt (damit die eingeführte Kaufkraft nicht gleich wieder in andere Länder abfließt).

Jeder Rumäne erhielte dann ein „Kopfgeld“ von etwa 250,- Euro (für die dortigen Verhältnisse ein ansehnlicher Betrag). Damit würde der natürliche Geld-, Konsum- und Wirtschaftskreislauf in Gang gesetzt, weil die Rumänen sich endlich einmal etwas „Zusätzliches“ leisten könnten. Es würde somit auch außerhalb des Existenzminimums konsumiert, die Produktionsbetriebe erhielten mehr Aufträge und könnten Leute einstellen — das Volkseinkommen würde kontinuierlich steigen. Und auch der Staat würde schließlich mehr Steuern einnehmen und könnte damit die Straßen und das Schienennetz ausbauen, bessere Ausbildungsmöglichkeiten bieten usw. Denken wir einmal zurück an das Jahr 1948, als jeder Deutsche vom Staat 60,- DM bekam — in Verbindung mit der Währungsreform und dem Marshallplan war dies die Initialzündung für ein beispielhaftes Wirtschaftswunder. Rumänien ist ein europäisches Land — einem solchen Land zu helfen sollte uns eigentlich näher liegen als fernen Staaten, bei denen die Entwicklungshilfen wegen hoher Geburtenraten und hemmungsloser Korruption nur geringe Erfolge versprechen.

Auch der Vergleich mit den bereits genannten stark unterstützten EU-Staaten sollte zu denken geben: Spanien erwirtschaftet pro Einwohner ein Bruttoinlandsprodukt von 8000,- Euro, Rumänien gerade einmal 600,-. Ist es fair, Spanien Jahr für Jahr mit Milliardensummen zu überschütten, Rumänien aber nicht ein einziges Mal zu helfen?

Wie großzügig haben wir Polen unterstützt (neben der Abtretung der ehemaligen Gebiete unter polnischer Verwaltung folgten nach der Wende auch noch gigantische Schuldenerlasse und 6000 Firmenansiedlungen) — warum ist uns das Schicksal der wirklich bedürftigen Rumänen, Bulgaren usw. so gleichgültig? Zu berücksichtigen ist dabei noch, dass auch der Euro zur Egalisierung des Lebensstandards in der EU beitragen wird. Bei gleicher, stabiler Währung sind Länder mit niedrigem Lohnniveau besonders attraktiv. Deshalb brauchen Euro-Länder wie Spanien wirklich nicht länger alimentiert werden, sie sind erwachsen genug, um auf eigenen Beinen zu stehen.

Das Rentenexperiment

Das unkontrollierte Bevölkerungswachstum zählt sicherlich zu Recht zum größten Problem unserer Welt. Wie kann man den scheinbar unaufhaltsamen Trend in den Entwicklungsländern brechen, wo wegen des fehlenden Rentensystems die Versorgung im Alter sich allein auf eigene Kinder stützt?

Eine Rente für Somalier?

Wenn es kein Rentensystem gibt, so heißt dies noch lange nicht, dass man keines schaffen kann. Wenn die Staaten selbst zu schwach und die Einkommen der Bevölkerung zu gering sind, dann muss die Unterstützung eben von außen kommen. Wie würde sich wohl ein armes Land wie Somalia (10 Millionen Einwohner) verändern, wenn die EU allen über 65-Jährigen ein monatliche 20-Dollar-Rente garantiert? Denkbar wäre, dass sich schon bald der Bevölkerungszuwachs deutlich vermindern würde (zur Zeit 4,2 % im Jahr). Außerdem würde die Renten-Finanzspritze die somalische Wirtschaft ankurbeln und das BSP/Kopf von derzeit 120 Dollar im Jahr kontinuierlich wachsen. Ein geringere Geburtenrate würde zudem zur Stabilisierung der wirtschaftlichen Verhältnisse beitragen — es könnte gelingen, diese ewige Notstandsregion innerhalb eines Jahrzehnts auf ein solides Fundament zu stellen.

Natürlich müßte das Projekt unterstützt werden mit Begleitmaßnahmen wie der kostenlosen Verteilung von Verhütungsmitteln, mit Aufklärungskampagnen, mit einer zuverlässigen Registrierung der Einwohner usw. — keiner sagt, dass alles ganz einfach sei.

Was kostet der Spaß?

Für eine 20-Dollar-Monatsrente aller über 65-jährigen Somalier müssten jährlich etwa 200 Millionen Dollar veranschlagt werden. Und die EU, oder wer auch immer dieses Projekt durchführt, müsste mindestens 10 Jahre bei der Stange bleiben, bis sich so etwas wie eine eigene staatlich getragene Rentenkasse bilden könnte. — Ich bin keine Afrikaexperte, vielleicht wäre für diese Studie ein anderes oder kleineres Land besser geeignet (je geringer die Einwohnerzahl, desto niedriger die Kosten).

Schluss mit der Ausbeutung!

Es ist bezeichnend, dass es unserer modernen Zivilisation immer noch nicht gelungen ist, die Ärmsten der Armen halbwegs anständig zu entlohnen. Nach wie vor werden die Menschen in Entwicklungsländern mit Almosen für ihre harte Arbeit abgespeist. Natürlich, wir alle profitieren von den niedrigen Rohstoffpreisen – Kaffee, Kakao usw. sind heute billiger als vor einem halben Jahrhundert. Aber es ist doch nicht so, dass wir Nutznießer auf diese Dumpingpreise angewiesen sind, dass wir die Ausbeutung gutheißen, sie fordern oder wünschen.

Staatliche Preisgarantien?

Es ist nicht einfach, die Auswüchse des kapitalistischen Systems zu bezwingen. Man könnte versuchen, ein Kartell zu errichten ähnlich der Opec – allerdings wird dies beim Kaffee kaum hinhauen (es gibt zu viele Erzeugerstaaten und das Anbaugebiet wird ständig erweitert). Aber etwas anderes könnte funktionieren:

Deutschland (oder die EU) könnte Handelsfirmen errichten, die in den Erzeugerländern die Ware zu angemessenen Preisen aufkaufen. Das würde die Macht der bisherigen Großaufkäufer brechen. Welcher Plantagenbesitzer würde den Zentner Kaffee für fünfzig Euro verkaufen, wenn er nebenan bei der deutschen Zentrale hundert Euro erhält?

Ein staatlich kontrollierter deutscher Großhandel könnte den zigtausend Kleinbauern in Kolumbien schon bald eine Abnahme- und Preisgarantie gewähren und sie damit vor dem Ruin bewahren (viele Kolumbianer bauen wegen des drastischen Preisverfalls anstelle von Kaffee inzwischen Kokain an). Wenn in Deutschland nur noch Kaffee über den deutschen Staatshandel eingeführt werden dürfte, wäre das bisherige Dumpingsystem durchbrochen.

Andere Staaten, die es mit den Menschenrechten ehrlich meinen, könnten sich diesem Fair-Play-Einkauf anschließen. Nach und nach könnten dann weiteren klassischen Erzeugerstaaten Preis- und Abnahmegarantien eingeräumt werden. Dagegen müssten neue Kaffeeländer und auch solche, die die Anbaufläche ständig erhöhen, ihre Ware selbst vermarkten.

Weltweite Mindestlöhne — nur eine Utopie?

Der Kapitalismus agiert stets nach dem gleichen Prinzip: So günstig wie nur irgend denkbar produzieren, so teuer wie nur möglich verkaufen.

Dieses System fördert zwar laufend Innovationen, versucht aber auf der anderen Seite automatisch eine Ausbeutung der Arbeitskraft. In einem intakten Binnenmarkt würden diese Versuche scheitern, die ungleiche globale Welt dagegen bietet der Ausbeutung einen idealen Nährboden. Nur mit gezielten politischen Eingriffen kann man diesem Terror-Kapitalismus ein menschliches Antlitz verleihen.

Internationale Mindestlöhne

Die Forderung nach internationalen Mindestlöhnen ist nicht neu, dennoch gab es bisher keinerlei Fortschritte. Utopisch anmutende Ideen nützen wenig, wenn nicht mit genau definierten Maßnahmen das Vorhaben konkretisiert werden kann.

Ich meine, es müsste möglich sein, die Sache irgendwie in Gang zu bringen! Was man als erstes in Angriff nehmen sollte, wäre eine Mindestlohnforderung bei der Herstellung von Markenartikeln. Produkte der multinationalen Konzerne dürften in unser Land nur dann importiert werden, wenn die Hersteller die Einhaltung eines Mindestlohnes von beispielsweise drei Euro pro Stunde garantieren. Das soll heißen: Am fertigen Produkt dürfen sich keine Teile befinden, die irgendwo zu einem niedrigerem Lohn gefertigt wurden. Zur Einhaltung und besseren Kontrolle dieser Forderung muss an jedem Teilstück (soweit möglich) der Fabrikant und der Produktionsort vermerkt sein.

Das Gute bei einer solchen Lösung: Ein weltweites Abkommen ist nicht notwendig, Deutschland kann im Alleingang eine solche Verordnung beschließen, ohne große Nachteile befürchten zu müssen (aber warum sollte es nicht gelingen, einige aufgeschlossene Länder mit ins Boot zu nehmen).

Ich erwähne es nochmals: Wer in solch heiklen Angelegenheiten auf internationale Regeln und Verträge baut, scheint mir an einer Lösung nicht ernsthaft interessiert! Die Sachlage ist viel zu komplex, als das eine Einigung miteinander konkurrierender Staaten möglich wäre. Wenn ein Land aber den Vorreiter spielt, dann werden nach und nach andere folgen. Wer den Status einer humanen Gesellschaft genießen will, wird sich nicht ewig den erfolgreichen Maßnahmen verschließen können.

Werden die Konzerne mitspielen?

Produkte von Herstellern, die sich der gewünschten Offenheit verweigern und ihre Lieferanten nicht benennen wollen, brauchen wir hier nicht. Sollen doch diese Ausbeutungs-Konzerne andere Länder mit ihren unseriös hergestellten Markenartikeln beglücken.

Nicht immer gleich abwiegeln!

Niemand behauptet, die Einführung und Kontrolle einer Mindestlohn-Garantie bei Markenprodukten sei einfach und unproblematisch. Natürlich wird sich die Industrielobby dagegen auflehnen, natürlich muss ein Kontrollsystem installiert werden und Betrügereien wird es dennoch geben. Die zivilisierte Welt hat aber nicht das Recht, wegen anfänglicher Schwierigkeiten und vermeintlicher Unbequemlichkeiten jeglichen Lösungsansatz ad acta zu legen. Das Projekt ist durchführbar, und kriminelle Energie gibt es in anderen Bereichen auch. Es kommt ja auch keiner auf die Idee, auf die Tabaksteuer zu verzichten, bloß weil der Zigarettenschmuggel nicht restlos unterbunden werden kann.

Bei der Kontrolle zur Einhaltung der Mindestlöhne hat der Staat einen mächtigen Verbündeten: Die Konkurrenten selbst werden aufpassen, dass Mitbewerber sich nicht ungesetzlich einseitige Vorteile verschaffen (Verstöße also anzeigen).

Das Vertrauen der Verbraucher zurückgewinnen!

Das Image vieler Markenartikler ist nicht gerade das Beste. Die Verbraucher werden zunehmend informierter und kritischer und finden es gar nicht mehr lustig, wenn z. B. Jeans oder Schuhe in fernen Arbeitslagern für 5 bis 10 Euro hergestellt und für 50 bis 100 Euro verkauft werden. Gerade hat wieder ein bekannter Sportschuhhersteller seinen Gewinn innerhalb eines Jahres mehr als verdoppeln können. Toll, ich bin entzückt! Dem Prestige solcher Marken würde es sicher gut tun wenn der Kunde weiß, dass die Ausbeutung irgendwo Grenzen hat.

Kapitel V

Wer wird gewinnen?

Wie neutral und wie ehrlich sind die Medien?

Leben wir in einer Mediendiktatur?

Es wäre unehrlich so zu tun, als ob die Medien mit der Globalisierung nichts zu schaffen hätten. Es waren eben nicht nur ehrgeizige Politiker, die den Zug ins Rollen brachten – beteiligt waren auch die Medien, die mit wohlwollenden Artikeln den Zollabbau kräftig unterstützten.

Eine Schuldzuweisung an die Medien erscheint töricht, hängt doch der Erfolg eines Buches weitgehend von den Rezensionen der Presse ab. Ich möchte mir aber nicht später einmal selbst vorwerfen müssen, aus egoistischen Gründen in entscheidenden Punkten gekniffen zu haben.

Abhängigkeit und Pressefreiheit

Also gehen wir einmal die Frage an, warum die Medien derart globalisierungsfreundlich argumentieren. Bei einer solchen Betrachtung landet man schnell beim Motiv, bei der Interessenlage. Alle großen Verlage und privaten Sender befinden sich im Besitz von Milliardären oder doch zumindest Multimillionären. Es könnte doch immerhin sein, dass viele Eigentümer sehr wohl Einfluss auf die Redaktionen ausüben (und die Reichen sind nun einmal die großen Gewinner der Globalisierung). Es könnte weiterhin sein, dass Redakteure durchaus auch an ihre eigene Zukunft und Karriere denken, und deshalb schreiben sie dem Großkapital sicher eher nach dem Mund als durch unliebsame Berichte beim Herausgeber dumm aufzufallen.

Und es besteht noch eine weitere Abhängigkeit: Zeitungen, Zeitschriften und auch die Sendeanstalten finanzieren sich zum großen Teil über Werbeeinnahmen – da ist es nur verständlich, wenn sie ihre besten Kunden, die Konzerne und das Großkapital, nicht verprellen möchten.

Die Abgehobenheit mancher Redakteure

Meine bisherigen Erfahrungen mit der Presse sind wenig schmeichelhaft. Ich habe den Eindruck gewonnen, dass viele namhafte Wirtschaftsjournalisten an einer ganz gefährlichen Krankheit leiden, nämlich an der Selbstüberschätzung – sie halten sich für das Maß aller Dinge! Folglich werden nur solche Thesen propagiert, denen sie selbst zugeneigt sind – mit einer oft unnachgiebigen, zähen Penetranz. Immer und immer wieder setzen sie sich für ihre Lieblingsprojekte ein, sei es nun der Kombilohn, die Ausweitung des Niedriglohnsektors, die Aufhebung des Kündigungsschutzes, die Lohnflexibilität, der Neo-Liberalismus, die Zuwanderung, der Euro, die Erweiterung der EU usw. Andere Meinungen lassen diese vermeintlichen Großmeister der Ökonomie nicht gelten, ja, sie verhindern gar jegliche Diskussion über andere Auffassungen und Lösungsvorschläge.

Auch bei Rezensionen von Büchern spiegelt sich ihre Voreingenommenheit wieder. „Beweisbücher" für den Nutzen der Globalisierung werden mit Freuden rezensiert, Gegenstücke aber gerne ignoriert. Wenn überhaupt kritische Bücher zur Globalisierung Beachtung finden, dann sind es meist solche, die zwar anklagen, deren Gegenargumente und Vorschläge aber keine ernsthafte Gefahr bedeuten und die eigenen Positionen nicht widerlegen.

Der Traum von der Pressefreiheit

Der Gedanke von der Pressefreiheit scheint mir nichts weiter als ein schöner Traum, vor allem heute, wo auf Grund des Konzentrationsprozesses die Medien sich weitgehend im Besitz der Superreichen befinden.

Zwar unterliegt den Medien eine gewisse Informationspflicht, aber es liegt ganz in ihrem Ermessen zu entscheiden, was wichtig ist. So gesehen haben sie in ihrem Wirken also völlig freie Hand. Erst wenn sich bereits ein Thema in der Diskussion befindet oder von der Prominenz aufgegriffen wird, müssen sie reagieren. Aber auch dann bleibt ihnen genügend Spielraum. Sie können ihnen unangenehme Themen auf den hinteren Seiten als kleine Randnotizen „verstecken" und ihren Gesinnungsgenossen breiten Raum einräumen, sie können eigene Positionen hochloben und Andersdenkende wortgewandt niedermachen.

Auch die Inthronisierung Hitlers Anfang der 1930er Jahre war kein Zufall, kein Ausrutscher. Es war die professionelle Medienarbeit, die ihm zur Macht verhalf. Ohne die starke Unterstützung seitens zahlreicher Journalisten (als Interessenvertreter des Kapitals und der Wirtschaftsbosse) hätte ein Mann wie er keinerlei Chance gehabt.

Wirtschaftsminister fordert Reform

Wie sich die Allmacht der Medien in der Praxis auswirkt, zeigt auch folgendes amüsantes Beispiel: Seit 1992 hatte ich namhaften Zeitungen und Zeitschriften Artikel über meine Idee der Lohnkostenreform (allmähliche Finanzierung der Sozialversicherungen über die Mehrwertsteuer) zur Veröffentlichung angeboten. Ohne Erfolg.

Auch mein im Juni 2001 erschienenes Buch „Die Kultivierung des Kapitals“, welches neben der Lohnkostenreform auch eine Reihe anderer revolutionärer Ideen vorstellt, wurde von den Rezensoren geflissentlich ignoriert.

Als im Herbst 2001 der schleswig-holsteinische Wirtschaftsminister und einige Monate später auch noch sein Kabinettskollege, der Umweltminister, sich offen für eine Lohnkostenreform aussprachen, wurde die Lohnkostenreform als Sensation gefeiert und zumindest von den regionalen Zeitungen groß herausgestellt.

Es ist zwar anerkennenswert, dass es doch noch mutige Redakteure und Zeitungen gibt, die neue Thesen aufgreifen – aber man muss auch sehen, dass ohne den Einsatz der Prominenz kaum etwas läuft und renommierte Verlage auch heute noch mauern und selbst wichtigen Grundsatzdiskussionen aus dem Wege gehen.

Auf diese Umstände angesprochen gestanden mir einige Wirtschaftsredakteure, dass sie oft gar nicht kompetent genug seien, neue Ideen einzuschätzen bzw. dass sie auch nicht die Zeit hätten, sich damit zu befassen. Deshalb vermeiden sie jedes Risiko einer Blamage indem sie grundsätzlich nur Abhandlungen oder Äußerungen der Prominenz berücksichtigen.

Aus diesem Eingeständnis erklärt sich ein weiterer Nachteil der Globalisierung: Die weltwirtschaftlichen Zusammenhänge sind derweil so komplex, dass sie kaum noch jemand durchschauen kann und Irrwege nicht mehr sichtbar werden. Würde die Globalisierung eingedämmt, würde sich auch der Nebel der Undurchschaubarkeit lichten und Gut und Böse, Falsch und Richtig für jedermann wieder klarer sichtbar sein. Dann wäre die Ära der Scharlatanerie und Volksverdummung vorbei.

Wie reagieren die Medien auf die Globalisierungsproteste?

Von Anbeginn an waren weite Teile der Bevölkerung gegen die aufkommende Globalisierung, also gegen den starken Abbau von Zöllen und Handelshemmnissen. Aber ihre Einwände wurden überhört, ihre Meinungen passten so gar nicht in das Konzept der Medien, die häufig zu den Mitinitiatoren der Globalisierung zählten. Als einzige Chance der Kritiker, überhaupt wahrgenommen zu werden, blieben nur Demonstrationen und Protestmärsche. In Genua gingen im Juli 2001 trotz massiver polizeilicher Abschottung bereits 150000 Menschen auf die Straße.

Die Aufarbeitung der Ereignisse.

Die sensationsgeilen Medien reagierten wie gewohnt: Die Proteste und Krawalle wurden ausgiebig gezeigt, die Anliegen und Hintergründe dieser Bürgerbewegung aber, wenn überhaupt, nur in den Intelligenzblättern angesprochen. Vordergründig wurden die Demonstranten als aufmüpfige Randalierer oder als Krawalltouristen gebrandmarkt, die selbst nicht wüssten, was sie denn eigentlich wollten.

Fehlt es am Konzept?

Die Globalisierungsgegner sind keine straff organisierte Gemeinschaft, keine Partei, und somit gibt es auch keine inhaltliche Abstimmung, kein konkretes Konzept.

Aber was diese Leute wollen, ist sonnenklar: Sie wollen, dass die Globalisierung zurückgeschraubt wird, evtl. wieder funktionsfähige Zollgrenzen installiert werden. Sie haben genug vom internationalem Dumpingsystem der Konzerne und glauben den Verheißungen der Lobbyisten schon lange nicht mehr.

Die Rolle der Medien

Selbst „Der Spiegel“, meiner Meinung nach immerhin eine der seriösesten Informationsquellen, konnte zu meiner Enttäuschung in einer Titelstory über Genua seine Voreingenommenheit nicht ablegen. Nach einem zwar interessanten, aber doch recht langatmigen Teil der Bestandsaufnahme wurde schließlich eine der Kernthesen vieler Globalkritiker, die Rückbesinnung auf vernünftige Zollgrenzen, von vornherein verworfen und tabuisiert. Hält man dieses Abblocken einer offenen Diskussion tatsächlich für erforderlich?

Alle Experten seien sich einig in ihrer strikten Ablehnung gegen den Protektionismus, wurde kühn behauptet. Doch haben die Autoren wirklich alle Experten angehört oder haben sie sich schlicht der Logik bedient, dass, wer einem maßvollen Schutz vor Billigimporten etwas abgewinnen kann, seinen Expertenstatus verloren hat?

Ablenkung von der Achillesferse

Die Profiteure der Globalisierung kennen ihre Achillesferse nur zu genau: Würden wieder intakte Zollgrenzen eingeführt, müssten sich die Importe an den Kosten des Sozialstaates beteiligen – damit bräche das weltweite Dumpingsystem in sich zusammen. Welchem Hersteller nützt eine Produktionsauslagerung ins gelobte Billiglohnland, wenn bei der Einfuhr die eingesparten Kosten durch eine Importsteuer wieder eingebüßt werden? Selbst Subventionen für neue Fabriken würden nicht mehr wie gewohnt fließen, weil die Staaten es gar nicht nötig hätten, um Investoren zu buhlen. Eine hohe Kaufkraft der Bevölkerung würde automatisch eine Vollbeschäftigung nach sich ziehen und die Konzernchefs würden Schlange stehen, um in diesem Wohlstandsland produzieren und Geld verdienen zu dürfen.

Da die Profiteure der Globalisierung sich dieser Zusammenhänge bewusst sind, haben sie dem „Protektionismus“ den Kampf angesagt. Allein schon die Wortwahl ist geschickt. Zum einen, weil viele Leute gar nicht wissen, was damit gemeint ist (damit hat man diese Gruppe weitgehend ausgeschaltet), zum anderen, weil der Begriff negative Assoziationen hervorruft. Warum verbarrikadiert man sich immer hinter diesem unpräzisen, missverständlichen Schimpfwort, warum diskutiert man nicht offen über Importsteuern usw.?

Wider der Heuchelei!

Der Siegeszug der Globalisierung beruht nicht auf Erfolgen, er ist vielmehr das Ergebnis eines blendenden Marketingkonzeptes seitens der finanzstarken Elite. Die Befürwortung oder Ablehnung der Globalisierung ist daher keine Frage der Weltanschauung, sondern des Informationsstandes. Ich darf deshalb noch einmal kurz resümieren:

1. Vortäuschung von Erfolgen

Den starken Wohlstandsanstieg in Mitteleuropa von 1900 bis Ende der 1970er Jahre verbuchen die Globalisierer auf ihr Konto, obwohl gerade in dieser Zeit vernünftige Zollgrenzen existierten. Ebenso unredlich ist eine andere Masche der Globalisierer: Verbessert sich irgendwo in Asien oder Lateinamerika der Lebenstandard, werten sie es als Folge ihres Konzeptes. Verschlechtern sich die Bedingungen in der Dritten Welt, waschen sie ihre Hände in Unschuld (oder schieben gar alles auf die noch vorhandenen Importzölle).

2. Definitionstricks

Die Globalisierer vermischen die Begriffe, so dass sie sich immer herauswinden können. Wenn es ihnen in den Kram passt, bezeichnen sie gar den seit Jahrhunderten existenten freien Welthandel als Globalisierung.

Es wird unterstellt, als handele es sich auch heute um ganz natürliche Abläufe, zu denen es außer der totalen Abschottung keinerlei Alternative gäbe. In Wahrheit verbirgt sich hinter der Globalisierung jedoch die bewusst vollzogene Wandlung des herkömmlichen Welthandels in einen ruinösen Dumping- und Verdrängungswettbewerb, hauptsächlich ausgelöst durch den Abbau von Zöllen.

Auch mit anderen Begriffen wird unseriös und beliebig verfahren. Während man bei uns das kleinste Nachdenken über die Entschärfung des Dumpingsystems als „Protektionismus" verteufelt, wird über die massiven Abschottungstricks anderer Staaten großzügig hinweggesehen. Der gezielte Umgang mit unklaren Difinitionen dient der Täuschung und Desinformation – unredliche Naturen bauen darauf.

3. Beeinflussung durch falsche Versprechen

Der Bevölkerung werden die Auflösung der Grenzen und die schleichende Aufgabe der staatlichen Souveränität mit großen Versprechungen schmackhaft gemacht (alles wogegen sich der gesunde Menschenverstand sträubt wird flugs mit den Prädikaten „wohlstandsfördernd“ oder „es gibt keine Alternative“ versehen). Und es werden die dreistesten Behauptungen aufgestellt und von hochbezahlten „Experten“ pseudowissenschaftlich untermauert („es gibt gar kein Lohn-, Öko- oder Sozialdumping“).

4. Ablenkung durch Aktionismus

Mit immer neuen Reformen und Förderprogrammen werden Hoffnungen auf eine baldige Besserung der Lage gesät. Dabei können diese Maßnahmen wesentliche Veränderungen kaum einleiten, weil sie in erster Linie nur inländische Verschiebungen bewirken. Solange man keine strategischen Überlegungen anstellt, die die Unterwanderung des deutschen Lohn-, Preis- und Kostenniveaus einschränken, solange können umwälzende Verbesserungen nicht erwartet werden.

5. Tabuisierung der echten Alternativen

Es gibt eine Reihe von Möglichkeiten, die wahren Probleme anzupacken und dauerhaft zu lösen. In den Kapiteln III und IV bin ich darauf eingegangen. Die Globalisierer versuchen, von derartigen Alternativen abzulenken und etwaige Diskussionen im Keim zu ersticken. Sie finden bei ihren Verschleierungsbemühungen weitgehende Unterstützung bei den Medien, die äußerst geschickt immer wieder die eigene Meinung publizieren, andere Vorschläge aber boykottieren.

> Die Befürwortung oder Ablehnung der Globalisierung ist daher keine Frage der Weltanschauung, sondern des Informationsstandes.

Ausblick auf das Jahr 2020

Wie wird sich unsere Zukunft gestalten, wenn alles seinen normalen Gang geht, wenn also keine Lehren aus der Vergangenheit gezogen werden?

Man muss wohl davon ausgehen, dass der Trend der beiden letzten Jahrzehnte sich fortsetzt. Unter Druck gesetzt durch die Forderungen der Wirtschaftslobby und der Presse wird also der Abbau des Sozialstaates, des Lohnniveaus und der Arbeitnehmerrechte weiter betrieben. Unter der Losung „Kosten senken und nochmals Kosten senken“ werden die Industrienationen versuchen, den günstigen Produktionswerten der aufstrebenden Schwellenländer näherzukommen.

Dieser Kampf ist kaum zu gewinnen, weil die Kostenstrukturen der Schwellenländer unerreichbar niedrig sind (allein die Staatsverschuldung pro Kopf sowie die staatlichen Grundkosten pro Bürger sind in Deutschland sicher 100 mal höher als in China). Bei nahezu zollfreien Grenzen und ohne Lohnkostenreform (S. 64) haben wir quasi keinerlei Chance, unseren Niedergang verhindern zu können. Die bürokratisch und finanziell wenig belasteten Staaten werden die alten verkrusteten Industrienationen an die Wand spielen.

Die USA ziehen bereits Konsequenzen!

Eine Ausnahme bildet lediglich die militärische Supermacht USA mit ihrer traditionell selbstbewussteren Politik. Sie wird ein Abgleiten in die Bedeutungslosigkeit nicht einfach zulassen und noch stärker als bisher mit protektionistischen Maßnahmen (Zölle und sogenannte „Anti-Dumping-Abgaben“) dagegenhalten. Ich kann den amerikanischen Präsidenten voll und ganz verstehen, wenn er mit Einfuhrzöllen zu verhindern sucht, dass z. B. seine Stahlwerke wegen derzeitiger Billigimporte alle pleite gehen.

Was wird aus Europa?

Die europäischen Staaten sind weit schlechter dran. Wegen mangelhafter Souveränität und einer kaum durchschaubaren, ja fast chaotischen EU mitsamt ihrer unglückseligen Einheitswährung. Der Handlungsspielraum dieses kontroversen Wirtschaftsraumes ist extrem eingeengt und schwerfällig. Die Harmonisierungsbestrebungen und Osterweiterungen rauben Zeit und Kraft, die monströse EU wird zum lahmen tauben Riesen und vielerorts zur ungeliebten „Besatzungsmacht“.

Ich gehe davon aus, dass dieses Konzept nicht aufgeht und eines Tages die EU wieder in ihre Bestandteile zerfällt, so wie auch die Vielvölkerstaaten UdSSR und Jugoslawien gescheitert sind. Ob die EU nun in zwanzig, vierzig oder sechzig Jahren auseinanderbricht, wage ich auch nicht vorherzusagen, das ist von zu vielen unkalkulierbaren Faktoren abhängig.

Dass andere meine Befürchtungen inzwischen teilen, zeigen die jüngsten Worte der Ex-Premierministerin Thatcher: „Die EU wird sich als größte Torheit der Geschichte erweisen“.

Was wird aus Deutschland?

Ich befürchte vor allem für Deutschland ein Debakel (weil bei uns nationale und „protektionistische“ Gedanken besonders verpönt sind, weil unser Land an die armen osteuropäischen Staaten angrenzt und für Zuwanderer besonders attraktiv ist). Wenn der Anteil der deutschsprachigen Bevölkerung hier zu Lande immer weiter sinkt (man denke nur an die EU-Osterweiterung) und die EU immer mehr Vollmachten und Einfluss erhält, geht unsere nationale Identität langsam aber sicher verloren. Dieser schleichende Prozess wird einhergehen mit zunehmenden wirtschaftlichen Schwierigkeiten – unsere Multikulti-Gesellschaft wird an den vielen Widersprüchen und der eigenen politischen Schwäche scheitern.

Das System, eigene Interessen zu vernachlässigen und stets den Wünschen anderer Staaten ergeben zu sein, könnte mit dem Verfall unseres Landes quittiert werden. Ob aus den Trümmern der EU wieder ein neues Deutschland hervorgeht, scheint mehr als fraglich. Wenn überhaupt, so wird es von seiner alten Stärke und Bedeutung weit entfernt sein.

Aber vielleicht sehe ich ja zu schwarz und es wird alles halb so schlimm oder es findet eines Tages doch noch ein politisches Umdenken statt. Möglicherweise trägt sogar dieses Buch dazu bei, Politiker und scheinbare „Gutmenschen“ wachzurütteln und zum Nachdenken zu bewegen.

Man sollte die Hoffnung niemals aufgeben!